www.ingramcontent.com/pod-product-compliance
Lightning Source LLC
LaVergne TN
LVHW010813051026
849532LV00007B/2526
* 9 7 8 9 3 6 9 0 8 1 4 8 6 *

خوشی غمی کی دھوپ چھاؤں

(یادرفتگاں)

مجتبیٰ حسین

Khushi Ghumi ki Dhoop Chhaon *(Humorous Columns)*
by: Mujtaba Hussain

Edition: December '2025
Publisher :
Taemeer Publications LLC (Michigan, USA / Hyderabad, India)

ISBN 978-93-6908-148-6
9 789369 081486

کتاب	:	**خوشی غمی کی دھوپ چھاؤں** (خاکے)
مصنف	:	**مجتبیٰ حسین**
پروف ریڈنگ / تدوین	:	مکرم نیاز
صنف	:	طنز و مزاح
ناشر	:	تعمیر پبلی کیشنز (حیدرآباد، انڈیا)
سالِ اشاعت	:	۲۰۲۵ء
صفحات	:	۱۲۸
سرورق ڈیزائن	:	تعمیر ویب ڈیزائن

فہرست

ابتدائیہ

اردو ادب میں مزاح نگاری کی ایک درخشاں روایت رہی ہے، جس میں مجتبیٰ حسین کا نام کسی تعارف کا محتاج نہیں۔ وہ محض شگفتگی بکھیرنے والے فنکار نہ تھے بلکہ ان کا قلم معاشرتی ناہمواریوں، انسانی نفسیات کی گہرائیوں اور سیاسی ستم ظریفیوں کو نہایت شگفتہ مگر گہرے طنزیہ انداز میں پیش کرتا تھا۔ ان کی تحریریں قاری کو مسکرانے پر مجبور کرتی ہیں مگر اس مسکراہٹ کے پیچھے ایک فکر انگیز سوال چھوڑ جاتی ہیں جو قاری کو اپنے اردگرد کے ماحول اور خود اپنی ذات پر غور کرنے کی دعوت دیتا ہے۔ ان کا مزاح محض سطحی قہقہوں کا مجموعہ نہیں بلکہ دانشورانہ چاشنی اور زیرک مشاہدے کا نچوڑ ہوتا تھا، جہاں وہ عام آدمی کے روزمرہ کے مسائل، اس کی چھوٹی چھوٹی خوشیوں اور گہری محرومیوں کو اس طرح بیان کرتے تھے کہ ہنستے ہنستے آنکھیں نم ہو جائیں۔ مجتبیٰ حسین کی ایک خاصیت یہ بھی تھی کہ وہ خود کو اپنے مزاح کا نشانہ بنانے سے نہیں کتراتے تھے، جس سے ان کے طنز میں مزید گہرائی اور اثر آفرینی پیدا ہو جاتی تھی۔ ان کا اسلوب سادہ، سلیس اور ہر خاص و عام کی سمجھ میں

آنے والا ہوتا تھا، مگر الفاظ کا انتخاب اور جملوں کی ساخت ایسی ہوتی کہ عام سی بات بھی ایک فکری جہت اختیار کر لیتی۔ وہ اپنے قاری کو اپنا ہم سفر بنا کر چلتے تھے، زندگی کی کٹھنائیوں پر ہنسنے، انہیں قبول کرنے اور ان سے سبق سیکھنے کا ہنر سکھاتے تھے۔ ان کے مزاح میں زندگی کی تلخ حقیقتیں شیریں انداز میں پیش کی جاتی تھیں، جس سے قاری نہ صرف محظوظ ہوتا بلکہ سماج کے مختلف پہلوؤں کو ایک نئے زاویے سے دیکھنے لگتا تھا۔ ان کی ہر تحریر معاشرے کے نبض پر ان کے گہرے فہم کی عکاس تھی، جو آج بھی اتنی ہی تر و تازہ اور بر محل محسوس ہوتی ہے۔ ان کی ذہانت، شگفتگی اور مشاہدے کی گہرائی انہیں اردو ادب کے ممتاز مزاح نگاروں کی صف میں سب سے نمایاں مقام عطا کرتی ہے۔ خاص طور پر جب ان کا قلم خاکہ نگاری کی طرف متوجہ ہوتا تھا تو وہ شخصی مرقع کشی میں کمال دکھاتے تھے۔ وہ جس شخص کا خاکہ کھینچتے تھے، اس کی ظاہری وضع قطع سے لے کر اس کے باطنی اوصاف، عادتوں، خوبیوں اور خامیوں کو اس طرح زندہ کر دیتے تھے کہ ہنسی مذاق کے پردے میں گہری بصیرتیں فراہم کرتے تھے۔ ان کے خاکے محض مزاحیہ تصاویر نہیں ہوتے تھے بلکہ شخصیت کے ہر پہلو کو اس طرح اجاگر کرتے تھے کہ ہنسی کے ساتھ ساتھ ایک گہری بصیرت بھی نصیب ہوتی تھی۔ ان کا فنِ خاکہ نگاری کسی بھی شخصیت کی اصل روح کو اس کی کمزوریوں اور خوبیوں کے ساتھ اس طرح پیش کرتا تھا کہ قاری اسے اپنا جانا پہچانا محسوس کرتا تھا۔

زیر نظر کتاب "خوشی غمی کی دھوپ چھاؤں" اسی ممتاز مزاح نگار مجتبیٰ حسین کے قلم سے تحریر کردہ گیارہ معروف ادبی و سماجی شخصیات کے خاکوں کا ایک انمول

مجموعہ ہے۔ یہ خاکے محض شخصی تعارف نہیں بلکہ ان قد آور ہستیوں کی انفرادیت، ان کے مزاج، اور ان کے فن کو مزاح کے ہلکے رنگوں میں پیش کرتے ہیں۔

"عوض سعید" کے خاکے میں مصنف ایک شریف اور نیک شخص کے بارے میں لکھنے کی مشکل بیان کرتے ہیں اور عوض سعید کی حس مزاح، شاذ تمکنت اور حفیظ قیصر کے ساتھ ان کی دوستی کو دلچسپ انداز میں پیش کرتے ہیں۔ خاص طور پر ان کی کہانیوں کے "صحت مند ادب" پر مزاح قاری کو مسکرانے پر مجبور کرتا ہے۔

"اقبال متین" کے خاکے میں ان کی خاموش طبعی، مولانا آزاد ایوارڈ ملنے پر ان کی غیر حاضری اور پھر مصنف کے ساتھ ان کی خوش فہمی کو طنزیہ انداز میں پیش کیا گیا ہے۔ یہ خاکہ ادبی اعزازات کی دنیا کی حقیقتوں اور اقبال متین کی سادگی کو نمایاں کرتا ہے۔

"ڈاکٹر حبیب اللہ" پر لکھا گیا خاکہ ان کے ساتھ مصنف کے پیچیدہ مگر گہرے مراسم کو ظاہر کرتا ہے۔ ان کی بیماری "Irritable Bowel Syndrome" اور ڈاکٹر صاحب کی اس پر تشخیص "کیا بی نئیں کچھ بھی نئیں" سے مزاح پیدا ہوتا ہے۔ مصنف نے ڈاکٹر صاحب کی سنجیدگی اور پیٹ کی اہمیت پر مزاحیہ فلسفہ طرازی کی ہے۔

"علی باقر" کے بارے میں لکھتے ہوئے مصنف اپنی مشترکہ جوانی، قہقہوں، اور ادب سے لگاؤ کو یاد کرتے ہیں۔ ان کے افسانوں کی گہرائی اور یوروپی معاشرے میں مشرقی اقدار کو برقرار رکھنے کے ان کے فن کو سراہتے ہوئے، مصنف ان کی سادگی

اور سجاد ظہیر سے ان کے رشتے کا مزاحیہ ذکر کرتے ہیں۔

"حسن عسکری" کا خاکہ مصنف کی ان سے پچپن سال پرانی دوستی اور ان کی علمی و فلسفیانہ شخصیت پر روشنی ڈالتا ہے۔ نطشے کا فلسفہ پڑھ کر قبرستان میں بیٹھنے کا واقعہ، عسکری کی فضول خرچی اور بے نیازی، اور علی گڑھ میں ان کی زور خطابت کو نہایت شگفتہ انداز میں بیان کیا گیا ہے۔

"سلیمان خطیب" کے خاکے میں مصنف ان کی دوہری شخصیت — شعلہ اور شبنم، سخت اور ملائم — کو بیان کرتے ہیں۔ گلبرگہ کے بچہ سقا سے لے کر دکنی شاعر کی شہرت تک، ان کی مرغیاں پکڑنے کا قصہ اور مشاعروں میں ان کی اداکاری کو نہایت مزاحیہ انداز میں پیش کیا گیا ہے۔

"خواجہ عبدالغفور" پر لکھا گیا خاکہ مصنف کی ان سے پہلی خوفناک ملاقات (ایک کلکٹر کے طور پر) سے شروع ہو کر ان کی زندہ دلی، لطیفہ گوئی اور بمبئی کی تہذیبی زندگی میں ان کے فعال کردار تک پھیلا ہے۔ ان کی "سردی سے الرجی" کا قصہ اور ادھورا لطیفہ سنانے کی عادت ان کی شخصیت کے مزاحیہ پہلوؤں کو نمایاں کرتی ہے۔

"ڈاکٹر راج بہادر گوڑ" کا خاکہ ان کی پچیس سالہ سالگرہ پر مبنی ہے، جہاں مصنف ان کی لازوال جوانی، کمیونسٹ تحریک میں ان کے کردار اور ان کے ہتھیا اٹھانے کے پس منظر کو مزاحیہ مگر عقیدت مندانہ انداز میں بیان کرتے ہیں۔ ان کی ہمت افزائی اور غیر متوقع "کورٹ میرج" کے فیصلے کا واقعہ ان کی زندہ دلی کا ثبوت ہے۔

"روڈا مستری" پر لکھا گیا خاکہ ان کی فعال، متحرک اور خوددار شخصیت کا

عکاس ہے۔ آئی سی ایس ڈبلیو کے کام، پریس میں ان کی آمد، حیدرآبادی کھانوں کو دہلی میں مقبول بنانے اور ان کے غصے کے "سمندر کے جھاگ" کی طرح ہونے کے قصے مصنف نے نہایت خلوص اور شگفتگی سے بیان کیے ہیں۔

"زینت ساجدہ" کے خاکے میں مصنف ان کی گہری علمی بصیرت، شاگردوں سے والہانہ لگاؤ اور دکن کی تہذیب سے پیار کو نمایاں کرتے ہیں۔ "جلترنگ" والے افسانے، گنڈی پیٹ تالاب کے ٹوٹنے کی افواہ پر ان کا تبصرہ، اور ان کی برجستہ گوئی، ان کی شخصیت کو دلکش بناتے ہیں۔

"مغنی تبسم" کے خاکے میں ان کی ہم عصری، ان کا سیاہ چشمہ، روحوں سے بات چیت، اور داڑھی بنانے کے لیے ریزر بلیڈ اٹھانے کا قصہ مزاحیہ انداز میں پیش کیا گیا ہے۔ یہ خاکہ ان کی کم گوئی، پانی سے نہانے کے شوق اور ان کی ادبی خدمات پر طنزیہ تبصروں سے بھرپور ہے۔

یہ گیارہ خاکے مجتبیٰ حسین کی مشاہدے کی گہرائی، ظرافت کی چاشنی اور ادبی شخصیات کے ساتھ ان کی والہانہ وابستگی کا ثبوت ہیں۔ یہ کتاب قاری کو ادب کی ان قدآور ہستیوں سے نئے زاویے سے متعارف کراتی ہے، جہاں ان کی شخصیت کے وہ پہلو نمایاں ہوتے ہیں جو عام طور پر ان کی ادبی عظمت کے پردے میں چھپے رہ جاتے ہیں۔

ا

عوض سعید

میری ایک کمزوری یہ ہے کہ میں شرافت کے بارے میں تو بے تکان لکھ سکتا ہوں لیکن شریف آدمی کے بارے میں بالکل نہیں لکھ سکتا۔ پچھلے دنوں ڈاکٹر مغنی تبسم نے دہلی فون کرکے جب مجھے اطلاع دی کہ عوض سعید کے افسانوں کے مجموعے کی رسم اجرا ہونے والی ہے تو میں نے مسرت کا اظہار کیا۔ لیکن دوسرے ہی لمحے جب انہوں نے مجھ سے کہا کہ مجھے بھی اس موقع پر کچھ کہنا ہے تو میں نے معذرت کا اظہار کیا۔ مغنی تبسم نے حیدرآباد کے موجودہ ادبی ماحول پر روشنی ڈالتے ہوئے کہا کہ حیدرآباد میں اب لکھنے والوں کی کمی ہوتی جارہی ہے۔ اسی لئے لکھنے والوں کو باہر سے درآمد کرنا پڑتا ہے۔

میں نے کہا "عوض سعید جیسے شخص پر لکھنے والوں کی کمی تو ہر دور میں رہے گی۔ اس کوتاہی کا تعلق حیدرآباد کے ادبی ماحول سے نہیں بلکہ خود عوض سعید کی ذات سے ہے"۔

بھلا بتایئے عوض سعید جیسے شریف، نیک اور پاک باطن آدمی کے بارے میں

کوئی لکھے بھی تو کیا لکھے۔ میں تو خاکہ اسی شخص کا لکھتا ہوں جس میں تھوڑی سی اوباشی ہو، عیاری اور کچھ مکر ہو، کچھ فریب ہو، کچھ چھل ہو، کچھ کپٹ ہو۔ ہمارے دور کا آدمی ان ہی باتوں سے تو آدمی بنتا ہے شرافت سے نہیں۔

عوض سعید سے میری ملاقات یا دوستی کم و بیش پینتیس برس پرانی ہے لیکن اس کے باوجود میری اور عوض سعید کی دوستی کبھی خود مکتفی نہ بن سکی۔ میری مراد یہ ہے کہ اس سے براہ راست دوستی نہ ہو سکی۔ جب بھی اس سے ملا کسی نہ کسی حوالے یا وسیلے سے ہی ملا۔ عوضؔ اکثر شاذ تمکنت کے ساتھ پایا جاتا تھا اور میں جب جب شاذؔ سے ملنے جاتا تو عوض سے بھی ملاقات ہو جاتی تھی۔ ایک آدمی شاہ علی بنڈہ جانے کا قصد کرے تو راستہ میں چارمینار تو پڑے گا ہی۔ عوض سعید میرے لئے چارمینار ہی کی طرح ہے۔ حیدرآباد میں برسوں رہنے کے باوجود آج تک میں چارمینار کے اندر نہ جا سکا نہ اس کے اوپر۔ اس لئے کہ میں جانتا ہوں کہ تاریخی عمارت کیسے بنتی ہے اور شریف آدمی کیسے پیدا ہوتا ہے۔ عوض سعید سے میری ملاقاتیں یا تو شاذؔ کے ہمراہ ہوئیں یا میرے اور عوض سعید کے مشترکہ دوست حفیظ قیصر کے ہمراہ۔

ایک زمانہ تھا جب مرحوم اورینٹ ہوٹل میں شاذؔ اور عوضؔ ایک دوسرے کے سائے کی طرح ساتھ رہتے تھے۔ دونوں کے ہاتھوں میں دو دو تین تین کیلو گرام وزنی رسالے ہوتے تھے۔ ان موٹے موٹے رسالوں کو ہر دم ساتھ اٹھائے پھرنے کا تعلق بظاہر علم سے کم اور جسمانی ورزش سے زیادہ دکھائی دیتا تھا۔ دلچسپ بات یہ

تھی کہ دونوں ساتھ ساتھ رہنے کے باوجود تنہا بھی دکھائی دیتے تھے۔ اورینٹ ہوٹل میں یہ دونوں اکثر الگ تھلگ بیٹھے رہتے تھے۔ ان میں کیا تبادلہ خیال ہوتا تھا اس کا بھی پتہ نہیں چلتا تھا۔ خیال ہوتو تبادلہ بھی ہو۔ جب شاذ سے میری دوستی بڑھنے لگی تو ظاہر ہے کہ عوض سعید سے بھی ملاقاتیں بڑھنے لگیں۔ جب شاذ سے میری بے تکلفی بڑھی اور فقرہ بازی کی راہ نکل آئی تو دیکھا کہ عوض سعید کے پاس حس مزاح بھی ہے۔ مجھ میں اور شاذ میں جب نوک جھونک چلتی تھی تو عوض سعید کا ہنسی کے مارے بُرا حال ہوجاتا تھا۔ کبھی کبھی عوض سعید مجھ سے کہتا "یار تم بعض اوقات ٹوچ کردیتے ہو"۔ اور میں کہتا "عوض میں تو تھری پچ کرنا چاہتا ہوں اور تم ٹو پچ کو ہی ہضم نہیں کرسکتے"۔ نہ جانے کیوں مجھے عوض سعید کی ہنسی اچھی لگتی تھی۔ اس لئے میں جان بوجھ کر ایسی باتیں کرنے کی کوشش کرتا تھا جس سے عوض سعید ہنستا ہی چلا جائے۔ عوض سعید کو ہنسنے کا اتنا شوق نہیں تھا جتنا کہ مجھے اسے ہنستے ہوئے دیکھنے کا شوق تھا۔ عوض کی ہنسی میں ایک ایسی روانی اور سلاست ہے کہ اس کی ہنسی ایک اسلوب کی طرح نظر آتی ہے۔ میں کبھی شاذ سے کہتا "یار عوض کی ہنسی میں جو روانی اور سلاست ہے اگر وہ اس کی کہانیوں میں بھی آجائے تو کیا کہنے"۔ کبھی عوض سے کہتا "یار ! یہ کیا تم شاذ کے سٹیلائیٹ بنے پھرتے ہو۔ شاعری کو میں مفت خوری سمجھتا ہوں۔ چار پانچ غزلیں کہہ لیں اور مشاعروں کو لوٹنا شروع کردیا۔ اصل اہمیت تو نثر نگاری کی ہے۔ شاذ تمہاری طرح نثر لکھ کے دکھادے تو مانوں"۔ میری پوری

کوشش یہ ہوتی کہ عوض اور شاذ میں کسی نہ کسی عنوان کبھی نہ کبھی کوئی جھگڑا ضرور ہو، مگر ان دونوں میں دوستی کا ایک اٹوٹ معاہدہ تھا۔ نہ شاذ نے کبھی نثر لکھی اور نہ ہی عوض نے کبھی شعر کہا۔ مفادات کا ٹکراؤ نہ ہو تو دوستی کی جڑیں اسی طرح مضبوط ہو جاتی ہیں۔ اگرچہ آج ہمارے اندر بھڑکنے والے شعلوں کی لویں دھیمی ہو چکی ہیں مگر پچیس تیس برس پہلے کوئی بات ایسی نہ تھی، کوئی موضوع ایسا نہیں تھا جس کی طرف ہم نہ لپکتے ہوں۔ میں اپنے پرانے دوستوں کو اب بے بس، مضمحل، نڈھال اور پژمردہ پاتا ہوں تو کوئی حیرت نہیں ہوتی۔ وقت کے چاک پر آدمی بالآخر اسی طرح کا کھلونا بن جاتا ہے۔

بارِ الم اُٹھایا رنگِ نشاط دیکھا
آئے نہیں ہیں یوں ہی انداز بے حسی کے

عوض سعید کی کہانیوں کا پہلا مجموعہ "سائے کا سفر" چھپ کر آیا تو دوستوں میں اس پر طرح طرح کے تبصرے ہوئے۔ کسی نے کہا۔ یہ شاذ کے سائے کا سفر ہے۔ کسی نے کہا یہ سائے کے سائے کا سفر ہے۔ عوض نے بڑے پیار سے اپنی پہلی کتاب مجھے دی تھی۔ کچھ کتابیں ایسی ہوتی ہیں جو ہاتھوں ہاتھ لی جاتی ہیں لیکن اب اردو میں کتابیں ہاتھوں ہاتھ دی جاتی ہیں۔ اس وقت تک عوض سعید افسانہ نگار کی حیثیت سے سارے برصغیر میں جانا جاتا تھا۔ مجھے یاد ہے کہ اس کتاب میں تزئین کے نام پر ایک افسانے کی کتابت کچھ اس طرح کرائی گئی تھی کہ آدمی کوئی پوز بدل کر اس افسانے

کو پڑھنا پڑتا تھا۔ اس افسانے کو پڑھنے میں ذہنی ورزش کم اور جسمانی ورزش زیادہ کرنی پڑتی تھی۔ ایک بار میں نے عوض سے کہا تھا۔ اگر کوئی آدمی اس افسانہ کو صبح میں روزانہ پانچ مرتبہ پڑھے تو اس سے اس کی صحت کبھی خراب نہیں ہوگی۔ صحت مند ادب کی اس سے بہتر کوئی اور مثال نہیں ہو سکتی۔ عوض نے نہایت سنجیدگی کے ساتھ میرے تبصرے کو داد کے طور پر قبول کیا تھا اور وعدہ بھی کیا تھا کہ وہ مستقبل میں بھی اسی طرح کے صحتمند افسانے لکھتا رہے گا۔

عوض کم گو، کم آمیز شخص ہے لیکن کسی سے دوستی کرتا ہے تو اسے نبھانا بھی جانتا ہے۔ افسانہ نگار کی حیثیت سے وہ مجھے بہت پسند ہے۔ اپنے ابتدائی افسانوں میں اس کی کوشش یہ ہوتی تھی کہ قاری کو چونکایا جائے۔ چار پانچ سال پہلے اس کا ایک افسانہ پڑھ کر میں سچ مچ چونک گیا تھا کیونکہ اس میں اس نے قاری کو بالکل نہیں چونکایا تھا۔ اس چونکنے پر مجھے ایک بات یاد آگئی۔ کوئی بیس برس پہلے حفیظ قیصر نے ایک دن مجھے فون کرکے کہا۔ "فوراً چلے آؤ مجھے عوض سعید کی ایک کہانی پڑھنی ہے۔ ذرا میری مدد کرو"۔ میں نے کہا۔ "جو چیز تمہاری سمجھ نہیں آتی اسے کیوں پڑھتے ہو۔ ویسے عوض تمہارے محلے میں ہی رہتے ہیں انہی سے کہانی بھی سمجھ لو"۔

حفیظ قیصر نے کہا "یار عوض کی کہانی خود عوضؔ کی سمجھ میں کہاں آتی ہے؟ میں تو ایک اور سلسلے میں تمہاری مدد چاہتا ہوں"۔

میں نے پوچھا "کیسی مدد؟"

بولا۔" میں کہانی پڑھتا رہوں گا۔ تم مجھے مضبوطی سے پکڑے رہو تاکہ میں کہیں چونک نہ جاؤں۔ یار یہ عوض چونکاتا بہت ہے۔ اکیلا اور نہتا آدمی تو اس کی کہانی پڑھ ہی نہیں سکتا"۔ بعض لوگوں کا خیال ہے کہ مغنی تبسم کے زیر اثر عوضؔ نے قارئین کو چونکانے کا سلسلہ ترک کر دیا ہے۔ چاہے کچھ بھی ہو عوض اب کہانیوں کو کہانی کی طرح لکھنے لگا ہے۔

جب سے میں دہلی گیا ہوں عوض سے سال میں دو ایک مرتبہ ہی ملاقات ہوتی ہے۔ وہ اکثر شکایت کرتا ہے کہ "یار تم حیدرآباد آتے ہو اور دوستوں سے ملے بغیر چلے جاتے ہو"۔

میں کہتا ہوں۔ 'عوضؔ! ادب سے قریب رہنے کیلئے میں اب ادیبوں سے دور رہنے کو ضروری سمجھنے لگا ہوں"۔ پچھلے دو تین برس سے عوض کا تقاضہ ہے کہ میں صرف اس کیلئے تین چار گھنٹوں کا وقت نکالوں تاکہ وہ مجھ سے بات چیت کرے اور میرا خاکہ لکھ سکے۔

میں کہتا ہوں۔"یار! خاکہ ایسی چیز نہیں ہے کہ تم جس کا خاکہ لکھ رہے ہو اس سے بات چیت بھی کرو۔ خاکہ نگاری سے میرا بھی جائز یا ناجائز سا تعلق ہے۔ جس کا خاکہ لکھتا ہوں اس سے خاکہ لکھنے سے پہلے بات چیت نہیں کرتا۔ یہ اور بات ہے کہ خاکہ لکھنے کے بعد اس سے بات چیت خود بخود بند ہو جاتی ہے"۔

عوض کہتا ہے "نہیں یار! خاکہ Authentic ہونا چاہئے"۔

میرا جواب ہوتا ہے۔ "اور تم جس کا خاکہ لکھ رہے ہو وہ آدمی ہی Authentic نہ ہوتو"؟

عوض جھنجھلا کر کہتا ہے۔ "تم فضول بحث کرنے لگے جاتے ہو۔ تم میں اب تک سنجیدگی اور بُردباری نہیں آسکی"۔

عوض سعید کے خاکے میں نے نہایت ذوق وشوق کے ساتھ پڑھے ہیں۔ عوض سعید کے اکثر خاکے میں نے بہت پہلے پڑھے تھے بلکہ میں نے اُن خاکوں کو اس وقت پڑھا تھا جب عوض نے انہیں لکھا بھی نہیں تھا کیونکہ عوض نے جن شخصیتوں کے خاکے لکھے ہیں اُن سے میرے بھی مراسم رہے ہیں بلکہ پانچ تو ایسی شخصیتیں بھی ہیں جن کے خاکے میں نے بھی لکھے ہیں۔ اب عوض کے لکھے ہوئے خاکوں کا اپنے لکھے ہوئے خاکوں سے تقابل کرتا ہوں تو احساس ہوتا ہے کہ عوض سچ مچ Authentic خاکے لکھتا ہے۔ اس کے تین خاکے جو وحید اختر، عالم خوندمیری اور اوم پرکاش نرمل سے متعلق ہیں، وہ بے حد اچھے اور Authentic ہیں۔ عوض نے جس راست گوئی کے ساتھ یہ خاکے لکھے ہیں اُس پر رشک آتا ہے۔ عوض کے خاکے پڑھ کر مجھے یہ اندازہ بھی ہوا کہ ایک ہی شخص کے بارے میں دو خاکہ نگاروں کا رویہ کتنا مختلف ہوتا ہے۔ عوض سعید نے شہریار کے خاکے میں لکھا ہے کہ "شہریار یاروں کا یار ہے اور دشمنوں کیلئے اُپی ہوئی تلوار بھی۔ وہ آپ کو تباہی کے آخری دہانے پر پہنچا کر خدا حافظ بھی کہہ سکتا ہے اور آپ کو سمندر میں ڈوبتا ہوا دیکھ کر

چھلانگ بھی لگا سکتا ہے "۔ میں نے بھی شہریار کا ایک خاکہ لکھا ہے مگر شہریار کی شخصیت کے اس گوشے کی طرف میری نظر نہیں گئی حالانکہ شہریار میرا ابھی قریبی دوست ہے۔ اگرچہ وہ علی گڑھ میں رہتا ہے لیکن ہم دونوں ہر مہینے ملنے کا کوئی نہ کوئی بہانہ ڈھونڈ لیتے ہیں۔ یا تو میں علی گڑھ چلا جاتا ہوں یا شہریار دہلی آجاتا ہے۔ پندرہ بیس برس سے یہ سلسلہ جاری ہے۔ اتنی رفاقت کے باوجود مجھے شہریار کی شخصیت میں پوشیدہ اُپی ہوئی تلوار نظر نہ آسکی۔ وہ تو بے حد مرنجان مرنج، بے ضرر اور بے نیاز سا آدمی ہے۔ دو تین برس پہلے شہریار واشنگٹن سے دہلی واپس پہنچا تو میں نے کہا"یار شہریار! تمہاری وہ اُپی ہوئی تلوار کہاں ہے ؟"

شہریار نے کہا" بھئی کیا بتاؤں۔ میں نے جس ایرلائنس میں سفر کیا تھا اس نے بڑی گڑبڑ کر دی۔ میرا سامان کسی اور جہاز میں سوار کروادیا اور مجھے کسی اور جہاز میں بٹھادیا۔ میرا سامان تو میرے ساتھ آیا ہی نہیں"۔

میں نے کہا۔ "تو کیا تم نے واشنگٹن میں کوئی تلوار بھی خریدی ہے۔ اگر ایسا ہے تو کسٹم والوں کے ہاتھوں تمہاری خیریت نہیں ہوگی۔ شہریار نے کہا" میں تو اپنے سارے سامان کو رو رہا ہوں اور تم نے تلوار کی رٹ لگا رکھی ہے، میرا تلوار سے کیا تعلق، میں تو طاؤس و رباب اول شمشیر و سناں آخر کا قائل ہوں۔ یہ تمہیں کیا ہو گیا ہے ؟"۔

میں نے عوض سعید کے خاکے کا حوالہ دیتے ہوئے کہا"میں تم سے سخت ناراض

ہوں۔ اتنی دوستی اور رفاقت کے باوجود تم نے اپنی تلوار عوض سعید کو تو دکھادی لیکن مجھے نہیں دکھائی"۔

شہریار نے ہنس کر کہا۔ "جس کو جو چیز دکھانی ہوتی ہے وہی اس کو دکھاتا ہوں"۔ میں نے شہریار سے کہہ رکھا ہے کہ چاہے کچھ بھی ہو میں تمہاری تلوار دیکھ کر رہوں گا اور شہریار نے بھی وعدہ کیا ہے کہ واشنگٹن سے جب اس کا سامان آجائے گا تو تلوار دکھادے گا۔ عوض سعید سے مجھے صرف ایک شکایت یہ ہے کہ اس نے شاذ تمکنت کا کوئی خاکہ نہیں لکھا۔ میں نے ایک صاحب سے اس کمی کا ذکر کیا تو بولے "بھئی !عوض نے شاذ کا خاکہ اسلئے نہیں لکھا کہ وہ شاذ کو بہت اچھی طرح جانتا ہے"۔

***

۲

اقبال متین

ہم نہیں جانتے کہ آپ میں سے کتنوں کو اس بات کا علم ہے بھی یا نہیں کہ پچھلے ہفتہ دکن کے مایہ ناز افسانہ نگار اقبال متین کو اتر پردیش اردو اکیڈمی نے مولانا ابوالکلام آزاد سے منسوب اپنے سب سے بڑے قومی اعزاز (مالیتی پانچ لاکھ روپئے) سے نوازنے کا اعلان کیا ہے۔ ہمیں جب یہ اطلاع ملی تو ہماری خوشی کا کوئی ٹھکانہ نہ رہا اور ہم نے اقبال متین کو شخصی طور پر مبارکباد دینے سے پہلے ہی "سیاست" میں علی ظہیر اور بیگ احساس کے ساتھ مل کر اپنا تہنیتی بیان شائع کروادیا تاکہ دیگر ابنائے وطن بھی ہماری تہنیت سے متفق ہو کر اس خوشی میں شامل ہوجائیں۔ چنانچہ دوسرے ہی دن "سیاست" میں ہمارے تہنیتی بیان کے ہمراہ ہی لکھنو میں "سیاست" کے نمائندے کے حوالہ سے "اقبال متین حیدرآبادی کو مولانا آزاد ایوارڈ" کی سرخی کے ساتھ یہ اطلاع بھی شائع ہوگئی۔ اب جو ہم نے اقبال تمین سے ربط پیدا کرنے کیلئے کوششوں کا آغاز کیا تو پتہ ہی نہ چلا کہ موصوف کہاں ہیں اور کس

حال میں ہیں۔ تھک ہار کے ہم نے عثمانیہ یونیورسٹی کے سابق صدر شعبہ اردو اور ممتاز نقاد پروفیسر یوسف سرمست سے، جو اقبال متین کے چہیتے چچازاد بھائی بھی ہیں، فون پر بات کی تو معلوم ہوا کہ ان کی حالیہ معلومات کے مطابق وہ حیدرآباد میں ہی کہیں ہیں اور خیریت سے ہیں۔ ان کے بتائے ہوئے راستہ پر عمل کر کے ہم نے دو دنوں تک انہیں ڈھونڈنے کی کوشش کی اور اس کوشش کے ناکام نتائج سے خود یوسف سرمست کو پل پل کی خبر دیتے رہے۔ یہاں تک کہ ہمارے پیہم اصرار سے مجبور ہو کر خود یوسف سرمست بھی انہیں ڈھونڈنے کی کوشش میں ہمارے ساتھ تن من سے شامل ہوگئے۔ آپ نے دیکھا ہوگا کہ نئی نسل کے بعض ناخلف نوجوان جب اپنے والدین سے کسی بات پر برگشتہ خاطر ہو جاتے ہیں تو کسی کو بتائے بغیر گھر چھوڑ کر چلے جاتے ہیں اور بعد میں ان کے والدین پریشان ہو کر اخبار میں اشتہار چھپواتے پھرتے ہیں "فرزند دلبند! تم کہاں ہو؟ تم کچھ بتائے بغیر ہی گھر چھوڑ کر چلے گئے۔ ہم سب بے حد پریشان ہیں۔ تمہاری والدہ نے کھانا پینا چھوڑ دیا ہے، صرف Pizza اور کوکا کولا پر جیسے تیسے گزارا کر رہی ہیں۔ تین دنوں سے گھر کا ٹی وی اور انٹرنیٹ بالکل بند ہے۔ تم ہماری پریشانی کا اندازہ لگا سکتے ہو۔ فوراً گھر واپس آجاؤ۔ نور چشم تمہیں کچھ بھی نہیں کہا جائے گا"۔

تیسرے دن بھی جب اقبال متین ڈھونڈے نہ جا سکے تو ہم نے سوچا کہ کیوں نہ ہم بھی اخبار میں اشتہار دیں "میاں اقبال متین ! تم کہاں ہو ؟ اترپردیش اردو

اکیڈیمی نے جیسے ہی تمہیں مولانا آزاد ایوارڈ دینے کا اعلان کیا تم گھر چھوڑ کر چلے گئے۔ تم آخر کس سے ناراض ہو، مولانا آزاد سے؟ اترپردیش اردو اکیڈیمی سے؟ یا سرے سے ایوارڈ سے ہی۔ مانا کہ تمہیں یہ ایوارڈ کسی جوڑ توڑ، ریشہ دوانی، ساز باز، سازش یا خوشامد کے بغیر حاصل ہوا ہے۔ ذرا دیکھو کہ ایسے ہی ایوارڈ جب دیگر ادیبوں کو ملتے ہیں تو کتنے خوش ہوتے ہیں اور دیدہ دلیری دیکھو کہ کس طرح اپنے سینہ کو پھُلا کر، گردن کو فخر سے اکڑا کر ایوارڈ دینے والے کی آنکھوں میں نہ صرف آنکھیں ڈال کر بلکہ آنکھ مار کر بھی بڑے کروفر کے ساتھ ایسے ایوارڈ کو حاصل کرتے ہیں۔ بھیا تمہیں یہ اصلی ایوارڈ کسی کوشش کے بغیر، ادب میں تمہارے اپنے بل بوتے پر ملا ہے۔ کسی کی عنایت سے نہیں۔ یہ منہ چھپانے کا نہیں بلکہ سرخروی کا موقع ہے۔ بہت عرصہ پہلے تم نے محبت کے جذبہ سے مغلوب ہو کر اپنے بعض احباب کے خاکے (بشمول ہمارے) "باتیں ہماریاں" اور "سوندھی مٹی کے بت" کے عنوان سے شائع کرائے تھے۔ اس وقت بھی ہم نے تم سے برملا کہا تھا کہ سوندھی مٹی کے بتوں میں صرف تم ہی سوندھی مٹی ہو اور تمہارے جو احباب ہیں وہ اصل میں چکنی مٹی کے چکنے گھڑے ہیں۔ تم ان کی کتنی ہی تعریف کرو وہ پگھل کر موم نہیں بننے والے۔ خدا کیلئے اپنے پتے پر واپس آجاؤ۔ ہم تم سے کچھ نہیں کہیں گے، بلکہ پانچ لاکھ روپئے بھی دیں گے۔ تم ویسے ہی افسانے لکھتے رہو جیسے کہ اب تک لکھتے آئے ہو۔ تمہیں کوئی نہیں روکے گا۔ خوب یاد آیا تم نے بہت عرصہ پہلے

اپنی ایک کتاب میں کرائے کے ان سارے گھروں کے پتے بھی درج کئے تھے، جہاں تم نے اپنی طویل عمر کے مہ وسال گزارے ہیں تاکہ لوگوں کو تمہاری خانہ بدوشی کا علم ہوسکے۔ غالباً چالیس مکان تھے، جس آدمی نے پیدائش سے لے کر آج تک ہر دوسال بعد کرایہ کے ایک نئے مکان میں زندگی گزاری ہو اس کی خانہ بدوشی کے بارے میں کسے شک ہوسکتا ہے۔ اس موقع پر مشفق خواجہ مرحوم کا ایک شعر یاد آگیا۔ لو تم بھی سنو۔

بجھے ہوئے درودیوار دیکھنے والے
اسے بھی دیکھ جو اک عمریاں گزار گیا

تلاش گمشدہ کا مندرجہ بالا اشتہار ہم اخبار میں دینا ہی چاہتے تھے کہ بالآخر یوسف سرمست نے فون پر ہمیں یہ خوش خبری سنائی کہ بالآخر اقبال متین کا پتہ چل گیا ہے۔ ان کا قیام ایک عمارت کی چھٹی منزل پر ہے اور ان کا موبائیل فون ان کی اپنی غلطی سے پہلی منزل کے کسی فلیٹ میں رہ گیا ہے۔ اب اس موبائیل فون کو اقبال متین کی بلندی تک پہنچانے کا بندوبست کر دیا گیا ہے اور وہ کچھ ہی دیر میں خود تمہیں فون کریں گے، ان کے فون کا انتظار کرو۔ آدھے گھنٹہ بعد فون کی گھنٹی بجی تو اقبال متین کی آواز آئی "پیارے مجتبیٰ! مجھے اندازہ ہے کہ مجھے اس ایوارڈ کے ملنے کی تجھے کتنی خوشی ہوئی ہوگی۔ بلکہ میں خود تجھ سے مبارکباد قبول کرنے کیلئے بے حد بے چین ہوں پیارے۔!" یوں بھی ہم اقبال متین کو مبارکباد دینے کیلئے تین دنوں

سے بھرے بیٹھے تھے۔ لہذا ان کی رسمی باتوں کو سنے بغیر ہی انہیں مبارکباد دینے کا جو سلسلہ شروع کیا تو تین چار منٹ تک مبارکباد دیتے ہی چلے گئے۔ پھر بھی سانس کے تسلسل کو برقرار رکھنے کی غرض سے لمحہ بھر کو جو رُکے تو اقبال متین کی آواز آئی "پیارے! کتنی عجیب بات ہے کہ ابھی چار پانچ منٹ پہلے علی گڑھ سے شہریار کا فون آیا تھا۔ اس نے مجھے مبارکباد دینے کیلئے جن جذبات، خیالات اور کلمات کا اظہار کیا، ہو بہو وہی خیالات، وہی کلمات، وہی فل اسٹاپ، وہی پیراگراف بلکہ کوما تک تمہارے اظہار خیال میں بھی شامل نظر آرہے ہیں"۔ ہم نے کہا "متین بھائی! شہریار، ہمارا پرانا یار ہے اور جذبوں، خیالوں اور فل اسٹاپوں کی اسی یگانگت پر تو ہماری دوستی کا محل کھڑا ہوا ہے۔ یہ الگ بات ہے کہ جب آپ کا فون آیا تو میں اتفاق سے آپ کے بارے میں شہریار کی ایک پرانی تحریر پڑھ رہا تھا۔ میں نے سوچا کہ آپ کو مبارکباد دینے کیلئے اپنی تخلیقی صلاحیتوں کو کیوں ضائع کروں، شہریار کی تحریر ہی کیوں نہ پڑھ دوں۔ حسابِ دوستاں در دل است، والی بات ہے"۔ یہ سنتے ہی اقبال متین نے (جن کی آوز میں بھی اب رعشہ آگیا ہے) زوردار قہقہہ لگایا۔ بولے "پیارے! تیری ایسی ہی شریر اور منچلی باتوں کی وجہ سے ہم جیسوں کو جینے کا حوصلہ ملتا ہے۔" ہم نے ان کی بات کو کاٹ کر کہا "متین بھائی آپ میری منچلی باتوں کو سن کر پچاسی برس کے ہوگئے اور میں آپ کے افسانے پڑھتے پڑھتے کچھ عرصہ بعد پچھتر برس کا ہو جاؤں گا۔ مانا کہ ہم دونوں ایک دوسرے کی باتوں کی وجہ سے اپنی

عمروں میں اضافہ کرتے چلے جارہے ہیں لیکن ذرا سوچئے کہ آج کے دور میں جینا کتنا مہنگا ہو گیا ہے۔ یوں بھی زندگی جینا اور زندگی کرنا دو الگ الگ باتیں ہیں۔ برا نہ مانیئے کم از کم میں تو اپنی حد تک یہی سمجھتا ہوں کہ ماضی میں ہمارے بزرگوں کو جو بزرگی ملا کرتی تھی وہ ہمیں اب تک نہ مل سکی۔ یہ تو ہمارے بزرگوں کی بڑائی تھی کہ چپ چاپ مرتے چلے گئے۔ اگر وہ نہ مرتے اور علم طب نے ترقی نہ کی ہوتی تو ہمیں بزرگی کہاں سے ملتی۔ ہماری بزرگی میں "آمد" اور ہمارے بزرگوں کی بزرگی میں "آورد" دکھائی دیتی ہے۔ پرانے زمانے کے بزرگ بڑی مشقت اور محنت سے بزرگی کو حاصل کرتے تھے جبکہ ہم جیسوں کو یہ بزرگی بس یوں ہی مل جاتی ہے۔ ذرا سوچئے اب آپ کو پچاسی برس کی عمر میں پانچ لاکھ روپئے مل رہے ہیں۔ کیا کریں گے، آپ اب ان پانچ لاکھ روپیوں کو لے کر؟ ذرا بتایئے اس ایوارڈ کو پانے کیلئے آپ جیسے حساس فنکار کو کن آزمائشوں سے گزر کر پچاسی برس تک جینا پڑا۔ اس کے پل پل کا ہرجانہ کون ادا کرے گا۔ کبھی کبھی زندگی کچھ اس طرح کرم فرماتی ہے کہ لگتا ہے ستم فرما رہی ہے۔ اقبال متین ہماری باتوں کو سن کر ہنستے ہی رہ گئے۔ انعام کے ملنے سے پہلے بھی یہی کرتے تھے اور اب انعام کے ملنے کے بعد بھی وہی کر رہے ہیں۔

اقبال متین کو انعام ملے ہوئے پورے سات دن بیت گئے۔ ہم نے سوچا تھا کہ ہمارے تہنیتی بیان کے بعد اہل قلم حضرات کے تہنیتی بیانات اور پیامات کی جھڑی سی لگ جائے گی مگر ہمیں یوں لگا جیسے اس اطلاع کو پاکر حیدرآباد کے اردو

معاشرے پر سکتہ طاری ہو گیا ہے یا اسے سانپ سونگھ گیا ہے۔ اس گہرے سناٹے کی ایک وجہ ہمیں تو یہ نظر آتی ہے کہ بے شک اتر پردیش اردو اکیڈیمی نے اقبال متین کو یہ ایوارڈ دیا ہے لیکن لوگوں کو اس ایوارڈ کے پیچھے وہ بدنام اور رسوائے زمانہ ہاتھ نظر نہیں آرہے ہیں جو عموماً ایسے ایوارڈوں کو دیتے وقت دکھائی دیتے ہیں۔ انعام لینے والا ہاتھ تو دکھائی دے رہا ہے لیکن دینے والے ہاتھ دکھائی نہیں دے رہے ہیں۔ ہمیں اس وقت فلم "شعلے" کا وہ مشہور سین یاد آرہا ہے جس میں امجد خان، رسیوں میں جکڑے ہوئے سنجیو کمار کے ہاتھوں کی طرف دیکھ کر کہتا ہے "ٹھاکر! اپنے یہ ہاتھ مجھے دے دے۔ بہت دم ہے ان ہاتھوں میں"۔ اور اس کے بعد سنجیو کمار کے ہاتھ قلم ہو جاتے ہیں۔ ہمیں تو یوں لگ رہا ہے جیسے اقبال متین نے خود اپنے ہاتھوں سے اتر پردیش اردو اکیڈیمی کے اس ایوارڈ کو زبردستی چھینتے ہوئے کہا ہو گا۔ "اری او اکیڈیمی ! یہ ایوارڈ مجھے دیدے۔ بہت رقم ہے اس ایوارڈ میں اور اس سے کہیں زیادہ دم ہے میرے قلم میں"۔ چاہے کچھ بھی ہو ہم ان گمنام مگر منصف مزاج، دیانت دار، مخلص اور بے لوث ہاتھوں کو سلام کرتے ہیں جنہوں نے یہ ایوارڈ اقبال متین کو دیا ہے۔

پچاس کی دہائی کے آخری برسوں میں جب حیدرآباد کا اردو معاشرہ اپنے نقطہ عروج کو پہنچ چکا تھا اور ہم اپنے عہد شباب میں قدم رکھنے ہی والے تھے کہ ان ہی دنوں ہماری ملاقات نہ صرف اقبال متین سے ہوئی بلکہ ان کی دو کہانیاں "اجلی

پر چھائیاں" اور "گریو یارڈ" بھی ہم نے پڑھ لی تھیں۔ ایسا نہیں ہے کہ اگر ہم اقبال متین کی کہانیاں نہ پڑھتے تو عہد شباب میں داخل ہی نہ ہوتے۔ جوش ملیح آبادی نے کہا تھا۔

مہترانی ہو کہ رانی مسکرائے گی ضرور

جس پہ آئی ہو جوانی گنگنائے گی ضرور

بے شک ہم عہد شباب میں ضرور قدم رکھتے لیکن اس احتیاط سے قدم رکھتے ہوئے خدشہ تھا کہ کہیں صحیح قدم نہ اُٹھ جائے۔ اقبال متین سے ہمارے پچاس پچپن برس کے مراسم ہیں۔ کیا یاد کریں اور کیا بھول جائیں۔ سلیمان اریب کے گھر اور "صبا" کے دفتر کی محفلیں خود اقبال متین کے چراغ علی گلی والے مکان کی بیٹھکیں، اورینٹ ہوٹل، ویکاجی، چائینیز اور جان کمپنی کی محفل آرائیاں۔ عزیز آرٹسٹ اور عبدالقدوس ایڈوکیٹ کی میزبانیاں۔ سینکڑوں واقعات، ہزاروں باتیں۔ محبوب اور مہربان چہروں کا ایک ہجوم بیکراں ہے جو بگولے کی طرح ذہن میں ایک خواب کی طرح رواں دواں ہے۔ حالانکہ گزرے ہوئے کل میں یہی خواب ایک حقیقت تھا۔

ادب سے اقبال متین کے سروکار کا اس سے بڑا ثبوت اور کیا ہوگا کہ اقبال متین نے اپنے افسانوں کے پہلے مجموعے کی اشاعت کیلئے اپنا گھر بیچ دیا تھا۔ بعد میں انہوں نے کرائے کے لاتعداد مکانوں میں زندگی ضرور گزاری لیکن کبھی افسانے

کرائے کے نہیں لکھے۔ خالص اپنے اور ذاتی لکھے۔ یہی ان کی شناخت ہے۔ لفظ ان کے مخصوص اسلوب میں ایک نئے انداز سے ابل ابل پڑتے ہیں اور معنی کی دھیمی دھیمی آنچ پڑھنے والے کو موم میں تبدیل کرتی چلی جاتی ہے۔ ایک انوکھا اور اچھوتا درد، جس کی کسک ذاتی بھی ہے اور آفاقی بھی، ان کے افسانوں کو منفرد مرتبہ عطا کرتی ہے۔ اقبال متین کی پچاسی برس کی طویل العمری کا راز یہی ہے کہ انہوں نے جوانی اور پیری کے مرحلوں سے گزرنے کے دوران اپنے اندر بیٹھے ہوئے اس طفلِ فن کو کبھی مرنے نہیں دیا جو آج بھی دنیا کو حیرت کے ساتھ دیکھنے کا حوصلہ رکھتا ہے۔ دوسری طرف اقبال متین نے اپنے اندر بیٹھے ہوئے اس لڑکے کو کبھی وہ موقع بھی عطا نہیں کیا جو اختر الایمان کے اندر بیٹھے ہوئے لڑکے کو کبھی عطا ہوا تھا جس کے نتیجہ میں اختر الایمان کو بالآخر کہنا پڑا تھا۔

"یہ لڑکا پوچھتا ہے اختر الایمان تم ہی ہو"؟

خدا کرے اقبال متین کی یہ مخلصانہ معصومیت اور قلندرانہ فنکاری سدا برقرار رہے۔ ارض دکن کے اس بے مثال البیلے افسانہ نگار کو پھر سے ہمارا سلام ہے۔

***

۳

ڈاکٹر حبیب اللہ

پچھلے کچھ عرصے سے ہم حالتِ سفر میں ہیں اور اسی سفری حالت میں پیر کے دن صبح صبح عزیزی سید امتیاز الدین کا حیدرآباد سے فون آیا اور یہ جاں سوز اطلاع ملی کہ ڈاکٹر سی ایم حبیب اللہ بھی اپنا اسٹیتھسکوپ اور معائنہ کے دیگر طبی آلات کو پرے ہٹا، اس دنیا سے اپنا دامن جھٹک کر نکل گئے۔ آٹھ دن پہلے عزیز پاشا رکن پارلیمنٹ حیدرآباد سے دہلی آئے تو ان کی شدید علالت کی خبر بھی لیتے آئے تھے۔ سوچا نہ تھا کہ وہ ہمیں اپنی مزاج پرسی کرنے کا موقع دیئے بغیر اس قدر عجلت میں اپنے سفر آخرت پر روانہ ہو جائیں گے۔ ڈاکٹر حبیب اللہ سے ہمارے تیس پینتیس برس پرانے مراسم تھے اور ان مراسم کی نوعیت نہ صرف جداگانہ تھی بلکہ پیچیدہ بھی تھی۔ وہ ہمارے معالج تھے بھی اور نہیں بھی اور ہم ان کے مریض بھی تھے اور نہیں بھی۔ اس میں قصور نہ ان کا تھا اور نہ ہی ہمارا بلکہ ہمارے پیٹ کا تھا اور وہ پیٹ کے امراض کے طبیب حاذق تھے۔ ہم اپنے پیٹ کو پکڑ کر ان کے پاس جاتے تھے

اور وہ اسے ہمارے دماغ کے حوالے کر کے علاج سے بری الذّمہ ہو جاتے تھے۔ اس کی اصل وجہ ہماری وہ مختلف النّوع بیماری تھی جس کا تعلق بے شک پیٹ سے ہوتا ہے لیکن اس کی اصل جڑ ہمارے دماغ میں پیوست رہتی ہے۔ انگریزی میں اس بیماری کو Irritable Bowel Syndrome کہتے ہیں۔ یہ بیماری بالخصوص حسّاس اور جذباتی افراد کو لاحق ہوتی ہے۔ اگر مریض اپنے احساسات اور جذبات کو قابو میں رکھنے کی خاطر دل و دماغ پر قابو پالیتا ہے تو اس کا پیٹ بھی سلامتی کی چال چلتا رہتا ہے۔ جہاں ذراسی بھی جذباتی یا نفسیاتی الجھن پیدا ہو جاتی ہے تو اس کا راست اثر اس کے پیٹ پر پڑتا ہے اور ہم جیسا مریض اپنا پیٹ پکڑ کر ڈاکٹر حبیب اللہ جیسے ڈاکٹر کے پاس پہنچ جاتا ہے۔ شروع میں خود ڈاکٹر حبیب اللہ بھی ہمارے اس مرض سے بہت پریشان رہے۔ ان کے قبضہ قدرت میں جتنے بھی طبی معائنے تھے وہ سب کے سب انہوں نے کر ڈالے اور ہر طبی معائنہ کے بعد یہی کہتے رہے "کیا بھی نہیں، کچھ بھی نہیں" چونکہ وہ اصلاً علاقہ آندھرا کے رہنے والے تھے اس لئے اپنے مخصوص تلفظ کی وجہ سے وہ اس جملہ کو اس طرح ادا کرتے تھے "کیابی نئیں کچھ بھی نئیں"۔ ان سے مراسم کے اتنے لمبے عرصہ میں بلاشبہ انہوں نے یہ جملہ ہم سے سینکڑوں مرتبہ کہا ہوگا۔ یہاں تک کہ ہم نے اپنے قریبی احباب میں ان کا نام ہی "ڈاکٹر کیابی نئیں کچھ بھی نئیں" کی حیثیت سے مشہور کر رکھا تھا۔ غرض بہت عرصہ اور کئی طبی معائنوں کے بعد وہ اس تشخیص پر پہنچے کہ ہم IBS یعنی (Irritable Bowel

Syndrome) کے مریض ہیں اور یہ کہ یہ مرض صرف حساس اور جذباتی انسانوں کو لاحق ہوتا ہے۔ بالآخر ایک دن انہوں نے ہم سے کہا "اپنے دماغ کو ٹھیک رکھو تو آپ کا پیٹ بھی ٹھیک رہے گا"۔ اس پر ہم نے کہا "اس کا مطلب یہ ہوا کہ میرا پیٹ خراب نہیں ہے بلکہ دماغ خراب ہے۔ کیوں نہ میں ڈاکٹر مجید خاں سے اپنے دماغ کا علاج کراؤں"۔ یہ کہہ کر ہم نے اپنے پیٹ کو ٹھیک کرنے کے حوالے سے انہیں ایک اور ماہر امراض شکم کا لطیفہ سنایا کہ ایک مریض جب ان کے پاس پیٹ کے درد کی شکایت لے کر پہنچا تو ڈاکٹر نے مریض سے کہا "میاں! تم پہلے اپنی آنکھوں کا معائنہ کراؤ اور اس کے بعد آؤ"۔ اس پر مریض نے حیرت سے کہا "ڈاکٹر صاحب! میں پیٹ کے درد کی شکایت کر رہا ہوں اور آپ میری آنکھوں کا معائنہ کرانا چاہتے ہیں۔ یہ کیا بات ہوئی؟" اس پر ماہر امراض شکم نے کہا "میاں! اصل میں تمہاری بینائی خراب ہوگئی ہے جس کی وجہ سے تم بنا دیکھے الا بلا چیزیں کھالیتے ہو اور یوں تمہارا پیٹ خراب ہو جاتا ہے"۔ لطیفہ سن کر بہت ہنسے بولے "تم ہر بات میں مذاق کی گنجائش نکال لیتے ہو۔ تم اپنے دماغ پر قابو رکھو اور جذبات اور احساسات کو سنبھالو تو تمہارا پیٹ خود بخود ٹھیک ہو جائے گا"۔ اس پر ہم نے ان سے کہا تھا "ڈاکٹر صاحب! آپ ماہر امراض شکم ہونے کے باوجود انسانی جسم میں پیٹ کی بنیادی اہمیت کو تسلیم نہیں کر رہے ہیں اور اسے دماغ کے تابع قرار دے رہے ہیں جبکہ ہم ساری زندگی پیٹ کی بنیادی اہمیت اور افادیت کے قائل رہے۔ اس لئے کہ

پیٹ بڑا بدکار ہے۔ اچھے اچھوں کی ہوا نکال دیتا ہے۔ کارل مارکس کو دیکھئے کہ اس نے سوشلزم کا سارا فلسفہ اپنے دماغ سے نہیں بلکہ پیٹ سے سوچا تھا۔ اس کے فلسفہ میں انسان کے پیٹ اور اس کی بھوک کو جو بنیادی مرکزیت حاصل ہے اس کی بناء پر ہم کارل مارکس کا شمار بھی Gastroenterologist کی حیثیت سے کرتے ہیں۔

ہمارے عزیز دوست افتخار عارف کا شعر سنئے۔

شکم کی آگ لئے پھرتی ہے ملکوں ملکوں
سگِ زمانہ ہیں ہم کیا ہماری ہجرت کیا

پیٹ کے بارے میں ہمارے پسندیدہ کلاسیکی شاعر نظیر اکبر آبادی کی نظم کا ایک بند ملاحظہ فرمایئے۔

پوچھا کسی نے یہ کسی کامل فقیر سے
یہ مہر و ماہ حق نے بنائے ہیں کاہے کے
وہ سن کے بولا بابا خدا تجھ کو خیر دے
ہم تو نہ چاند سمجھیں، نہ سورج ہیں جانتے
بابا ہمیں تو یہ نظر آتی ہیں روٹیاں

نظیر اکبر آبادی کے اس بے مثال بند کی تعریف کرنے کے بجائے سنجیدگی سے بولے "اگر چاند اور سورج کی یہ روٹیاں میدے کی نہ ہوں تو پیٹ کیلئے بہت مفید ثابت ہو سکتی ہیں"۔

وہ بہت سنجیدہ اور اپنے پیشہ سے سراسر وابستہ انسان تھے۔ وہ جانتے تھے کہ ہم مزاح نگار ہیں۔ پتہ نہیں ہمارا کالم پڑھتے بھی تھے یا نہیں۔ کبھی ہماری مزاح نگاری کی تعریف تو نہیں کی البتہ ہم نے ایک بار ایک کالم میں ان کا ذکر کیا تھا تو ہنستے ہوئے کہنے لگے آپ نے میرے بارے میں جو لکھا ہے اس کا مجھے علم ہے۔ تاہم انہوں نے نہ تو کوئی تعریف کی اور نہ ہی کوئی رائے دی۔ یوں بھی ہم اپنی تعریف و توصیف کے معاملہ میں بے نیاز سے رہتے ہیں۔ جب ادب کے ڈاکٹروں کے پاس ہی رائے جاننے کے لئے نہیں جاتے تو طب کے ڈاکٹر کی رائے جان کر کیا کریں گے۔ پھر بھی وہ ہماری باتوں سے حتی المقدور محظوظ ہوا کرتے تھے۔ اپنے پیشہ میں ان کا جو رتبہ بلند تھا وہ مرتبہ ہمیں مزاح نگاری میں حاصل نہ ہوسکا۔ امراض شکم کے ماہر کی حیثیت سے وہ بین الاقوامی شہرت رکھتے تھے اور اس حوالہ سے دنیا بھر کے ممالک کے دوروں پر نکل جاتے تھے۔ بڑا نام تھا ان کا۔ گیسٹر وانٹرالوجی کے شعبہ میں انہوں نے نئے نئے تجربات کئے اور تحقیق کے نئے دروازے کھولے۔ بہت عرصہ پہلے انہوں نے روس میں ایک مریض کے پیٹ میں کتّے کے کلیجہ کی پیوندکاری کا کامیاب تجربہ کیا تھا۔ اخباروں میں اس کا بڑا چرچا رہا۔ دہلی کے آل انڈیا انسٹی ٹیوٹ آف میڈیکل سائنسز کے شعبہ گیسٹر وانٹرالوجی کے وہ برسوں صدر نشین رہے اور اس بہانے ان کا اکثر دہلی آنا جانا رہتا تھا۔ جب بھی دہلی آتے ہمیں ضرور یاد کرتے تھے۔ روس میں مندرجہ بالا تجربہ کی کامیابی کے بعد لوٹے تو ہمیں بھی حسب معمول

یاد کیا۔ انسان کے جسم میں کتّے کا کلیجہ لگانے کے تجربہ کا ذکر آیا تو بہت خوش تھے۔ تاہم ہم نے حسب عادت مذاق میں ان سے کہا "ڈاکٹر صاحب آپ کا تجربہ تو کامیاب رہا لیکن سنا ہے کہ جس مریض کے جسم میں آپ نے کتے کا کلیجہ لگایا ہے اب وہ کسی قدر پریشانی میں مبتلا ہے"۔ حیرت سے بولے "مجھے تو کچھ معلوم نہیں۔ آخر کیا پریشانی ہے اس کے ساتھ ؟"۔ ہم نے کہا "اور تو سب ٹھیک ہے لیکن مریض کو شکایت ہے کہ جب بھی اسے پیشاب کرنے کی ضرورت لاحق ہوتی ہے تو اسے اپنی ٹانگ کو اٹھانا پڑتا ہے"۔ خلاف توقع ہماری بات سے لطف اندوز ہونے کی بجائے متانت سے بولے "میں نے اتنی محنت سے یہ تجربہ کیا اور آپ اس میں مذاق کا پہلو نکال رہے ہیں"۔ وہ بے حد متین، شائستہ اور مہذب انسان تھے۔ ہماری شخصی بیماری کے پس منظر میں ان کی یہ تشخیص کہ ہمارا پیٹ ہمارے دماغ کے تابع ہے ہمارے گلے سے نہیں اترتی تھی، لہٰذا ہم نے چوری چھپے کئی ڈاکٹروں سے مشورہ کیا۔ مشفق مکرم ڈاکٹر سید عبدالمنان مرحوم سے مشورہ کیا تو انہوں نے بھی یہی رائے دی بلکہ یہاں تک کہا کہ آپ کے جسم میں کوئی بیماری نہیں ہے۔ تاہم یہ ضرور کہا کہ وہ ہمارے اس مرض کے علاج کیلئے کچھ نہ کچھ ضرور بھیجیں گے۔ چنانچہ دوسرے دن اپنے ڈرائیور سے ڈاکٹر منان نے ہمارے لئے بارکس کے چنندہ انجیروں کے علاوہ امرود بھی روانہ کئے۔ بعد میں بھی وہ آخر وقت تک وقفہ وقفہ سے بذریعہ انجیر اور امرود ہمارا علاج کرتے رہے۔ ڈاکٹر رام پرشاد ہمارے پرانے کرما فرما ہیں اور

یونیورسٹی کے ہمارے ہم عصروں میں سے ہیں۔ ایک بار ہم نے ان سے یوں ہی کہا تھا "ڈاکٹر صاحب! ہم آپ کو اپنی دعاؤں میں یاد رکھیں گے اور آپ ہمیں اپنی دواؤں میں یاد رکھیں"۔ چنانچہ ڈاکٹر حبیب اللہ کی تشخیص سے متفق ہونے کے باوجود ڈاکٹر رام پرشاد آج تک نئی نئی دوائیں بھیجتے رہتے ہیں۔ ہم نے تو امریکہ کے کئی نامی گرامی اسپتالوں میں بھی اپنے عارضہ کے سلسلہ میں طبی معائنے کروائے مگر وہاں سے بھی "کیا بی نئیں کچھ بھی نئیں" کا جواب آیا۔

ڈاکٹر حبیب اللہ کا شمار حیدرآباد کے مصروف ترین ڈاکٹروں میں ہوتا تھا۔ ان کے مطب پر پیٹ پکڑے مریضوں کی بھیڑ لگی رہتی تھی۔ گھنٹوں اپنی باری کا انتظار کرنا پڑتا تھا۔ یہ ان کا حسن سلوک اور محبت تھی کہ ہمیں کبھی باری کے انتظار میں نہ لگایا۔ ہماری آمد کی اطلاع ملتے ہی ہمیں اندر بلالیتے تھے۔ اگرچہ ہم بھی پیٹ پکڑے ان کے کمرۂ تشخیص میں داخل ہوتے تھے لیکن واپسی کے وقت اپنا سر پکڑے ہوئے پائے جاتے تھے۔

اسلئے کہ ہمارے مرض کا تعلق پیٹ سے نہیں دماغ سے نکلتا تھا۔ اپنی بے پناہ مصروفیات کے باوجود وہ سماجی محفلوں میں اور خاص طور پر شادی کی دعوتوں میں ضرور جایا کرتے تھے۔ ان کے ساتھ ایک ہی میز پر کھانا کھانے کے بارہا مواقع نصیب ہوئے۔ کھاتے وقت اپنے ہی طبی مشوروں پر سختی سے عمل کرتے تھے اور محتاط رہتے تھے۔ ہماری خوراک کے بارے میں ایک بار کہا "ماشاء اللہ! آپ تو خاصے

خوش خوراک ہیں"۔ اس پر ہم نے کہا "ڈاکٹر صاحب! آپ نے ہمیں نوجوانی میں نہیں دیکھا۔ اب تو آپ کی موجودگی اور آپ کے طبی مشوروں کے پس منظر میں ہاتھ کھینچ لیتے ہیں ورنہ لذیذ اور ذائقہ دار کھانا بنانے والی دو ایک خواتین تو محض ہمارے پیٹ کے راستے ہی ہمارے دل میں داخل ہو سکیں۔ یعنی پہلے ان کے ہاتھ کا بنایا ہوا کھانا کھایا اور بعد میں انہیں اپنے دل میں لا بٹھایا۔

۱۹۹۶ء میں ہمیں سعودی عرب کی مقدس سرزمین پر تقریباً ایک مہینہ ڈاکٹر حبیب اللہ کے ساتھ دن رات رہنے کا موقع ملا۔ حکومت ہند نے اس سال حج کے موقع پر اپنا جو تیرہ رکنی وفد سعودی عرب بھیجا تھا اس میں ڈاکٹر علی محمد خسرو، ڈاکٹر حبیب اللہ، انڈسٹریل ڈیولپمنٹ بینک آف انڈیا کے سربراہ سراج الحسن خاں، کیپٹن عباس علی وغیرہ کے علاوہ ہم بھی شامل تھے۔ ہم لوگ حامد انصاری صاحب، سابق سفیر برائے سعودی عرب اور موجودہ نائب صدر جمہوریہ کے مہمان تھے۔ ڈاکٹر حبیب اللہ نے نہ صرف فریضہ حج کی ادائیگی کے دوران بلکہ سرکاری ضیافتوں میں بھی نہایت خشوع و خضوع کے ساتھ شرکت کی۔ ایک دن کہنے لگے "اب تو آپ میرے عرفاتی بھائی بھی بن گئے۔ کوئی تکلیف ہو تو بتایئے"۔ ہم نے کہا "ڈاکٹر صاحب! جو آدمی یہاں آکر آبِ زم زم پی رہا ہو اسے کوئی ڈاکٹر اور کیا دوا پلا سکتا ہے"۔ ہماری بات کو سن کر اچانک آبدیدہ ہو گئے۔ فوراً ہمارا ہاتھ پکڑ کر بولے "آپ نے کیا پتہ کی بات کہی ہے"۔ ڈاکٹر حبیب اللہ صوم و صلوٰۃ کے نہایت پابند تھے۔ قیاس

اغلب ہے کہ شاید ہی ان کی کوئی نماز قضا ہوئی ہو۔ حمایت نگر میں ان کے مطب کے برابر مسجد تھی۔ اگر وہ کسی مریض کی نبض دیکھ رہے ہوں اور ایسے میں اذان ہو جائے تو وہ نبض تو جیسے تیسے ضرور دیکھ لیتے تھے لیکن نسخہ مسجد میں نماز کی ادائیگی کے بعد آ کر لکھتے تھے۔

ڈاکٹر حبیب اللہ کے اُٹھ جانے سے حیدرآباد اپنے ایک نامور سپوت سے محروم ہو گیا۔ حیدرآباد اب باکمالوں سے خالی ہوتا جا رہا ہے۔ وہ ہمیشہ یاد آتے رہیں گے۔

تمہاری نیکیاں زندہ تمہاری خوبیاں باقی

***

۴

علی باقر

علی باقر کے بارے میں کچھ لکھنے کو دراصل میں اپنے بارے میں کچھ لکھنا تصور کرتا ہوں۔ اس لئے کہ ہم دونوں کی دوستی کی عمر اب پاؤ صدی سے بھی زیادہ ہوگئی ہے۔ یہ دوستی وہاں سے شروع ہوتی ہے جب ہم دونوں کے "آتش" نہ صرف جوان تھے بلکہ ایک ہی یونیورسٹی کی ایک ہی جماعت میں پڑھتے تھے (یہاں یونیورسٹی سے مراد عثمانیہ یونیورسٹی ہے اور جماعت سے مراد بی اے ہے) ہم دونوں کے مزاج مشترک تھے۔ مضامین مشترک تھے، دوست مشترک تھے اور حد ہوگئی کہ وہ لڑکیاں بھی مشترک تھیں جن کے حُسن پر ہم باری باری فدا ہوتے تھے۔ اس نازک معاملے میں بھی جب "خیالِ خاطرِ احباب" کا دامن ہاتھ سے نہ چھوٹا تو اس دوستی کی پائیداری میں بھلا کیا شک ہو سکتا ہے۔

۱۹۵۳ء کے جون کی کوئی تاریخ تھی، جب علی باقر سے میری پہلی ملاقات ہوئی تھی، اس خوش شکل، خوش مذاق، خوش خوراک اور خوش اخلاق نوجوان سے

ملاقات ہوئی تو پتہ چلا کہ یہ ایک پل بھی نچلا نہیں بیٹھ سکتا، نچلا تو وہ اب بھی نہیں بیٹھتا، مگر ان دنوں اس کی رگوں میں جیسے پارہ دوڑا کرتا تھا۔ کبھی کسی پر جملہ چست کیا، کسی پر فقرہ پھینکا، کسی پر پھبتی کسی، کسی پر لطیفہ اچھال دیا۔ غرض اس کی زندگی ایک لمبی اور کبھی ختم نہ ہونے والی ہنسی تھی۔ جہاں تک مندرجہ بالا اوصاف حمیدہ کا تعلق ہے بفضل تعالیٰ یہ مجھ میں بھی موجود تھیں بلکہ اس وقت کی عثمانیہ یونیورسٹی کی اردو میں "بدرجہ اتم" موجود تھیں۔ سوائے خوش شکلی کے میں علی باقر سے کسی میدان میں پیچھے نہ تھا۔

اس زمانے کی عثمانیہ یونیورسٹی اردو شعر و ادب کے ماحول میں کمر کمر ڈوبی ہوئی تھی۔ میاں علی باقر کا یہ حال تھا کہ بیت بازی کے مقابلے میں کھڑے ہو جاتے تو شعروں کے کشتوں کے پشتے لگا دیتے تھے اور جیسا کہ اس زمانے کے استادوں کا طریقہ تھا وہ بیٹھے بیٹھے عش عش کرتے رہ جاتے تھے۔ اس ہونہار بروا کے پات اتنے چکنے تھے کہ ان پر سے بظاہر ہر سنجیدگی پھسل جایا کرتی تھی لیکن اس ہنسوڑا اور کھلنڈرے نوجوان کی شخصیت کے ایک گوشے میں بڑی سنجیدگی، وقار، تنظیم اور رچاؤ بھی تھا اور یہی گوشہ پھیل کر آج کا علی باقر بن گیا ہے۔

اگرچہ یونیورسٹی میں ہم گھنٹوں ادب پر بحث کیا کرتے تھے لیکن کبھی یہ خوف دامن گیر نہ ہوا کہ میاں علی باقر ایک دن کہانیاں بھی لکھیں گے۔ میں نے بی اے تک اپنے آپ کو "زیور تعلیم" سے آراستہ کیا اور یونیورسٹی سے باہر نکل آیا مگر

علی باقر نے اتنی تعلیم کو ناکافی سمجھا اور پڑھتے چلے گئے۔ ایم اے کیا اور آکسفورڈ میں نہ جانے کیا کیا غیر ضروری تعلیم حاصل کی۔ کچھ ملازمتیں کیں۔ دہلی میں رہے اور ایک دن چپ چاپ لندن چلے گئے۔

پھر ایک خوشگوار صبح کو پتہ چلا کہ لندن جاکر وہ افسانہ نگار بن گئے ہیں، کچھ لوگ ایسے ہوتے ہیں جنہیں جب تک ملک سے برآمد نہ کیا جائے، تب تک ان میں سے "ادب" بھی برآمد نہیں ہوتا۔ علی باقر ان ہی لوگوں میں سے ہیں۔ میرے اور علی باقر کے ایک مشترک دوست تھے، جو انگریز، انگریزی اور انگلستان سے اتنے متاثر تھے کہ عام بات چیت میں بھی بی بی سی سے خبریں نشر کرتے تھے۔ جب تک ہندوستان میں رہے انگریزوں کے گن گاتے رہے۔ انگریزی بولتے تھے، انگریزی میں چلتے، بیٹھتے، کھاتے پیتے اور سوتے بھی تھے۔ وہ اس صدی کی چھٹی دہائی میں جب ہندوستان سے انگلستان گئے تو ہمیں یوں لگا جیسے ہندوستان پر سے برطانوی اقتدار کا اصل خاتمہ تو ان کے جانے کے بعد ہوا ہے۔ برطانوی اقتدار کے تابوت میں وہ آخری کیل کی حیثیت رکھتے تھے۔ مگر لندن جاکر وہ ایسے بدلے کہ سنا ہے کہ اب بی بی سی کی خبریں نشر کرنا تو کجا انہیں سنتے تک نہیں۔ اب ان کا رخ اٹلی کی طرف ہو گیا ہے۔

علی باقر کا معاملہ جداگانہ تھا۔ وہ انگریزی تو بولتا تھا مگر انگریزی میں چلتا پھرتا اور سوتا نہیں تھا۔ اس کی جڑیں ہندوستانی معاشرے میں دور تک پیوست تھیں۔ وہ

یورپ گیا تو اپنے ساتھ بطور سامانِ سفر اپنی مشرقی اقدار اور اطوار کو بھی لے گیا اور چودہ برس کے بن باس کے بعد جب وطن واپس لوٹا تو تب بھی اس کا سامانِ سفر محفوظ تھا۔ علی باقر نے زندگی کا یہ سلیقہ اپنے والد بزرگوار مولوی آفتاب حسین سے سیکھا ہے۔ خدا جنت نصیب کرے۔ ایسے رکھ رکھاؤ والے آزاد خیال آدمی تھے کہ ہم لوگ بھی ان سے ملتے تو دل میں حسرت لے کر اٹھتے کہ اے کاش ہمیں بھی جیتے جی ایسا ہی باپ مل جاتا۔

علی باقر نے شروع میں جب ایک افسانہ "شراب اور شہد" لکھا تھا تو بطور خاص خط لکھ کر اس غلطی کی جانب میری توجہ نہ صرف مبذول کرائی تھی بلکہ یہ بھی لکھا تھا کہ میں اپنی رائے سے اسے خبر دار کروں۔ رائے تو خیر میں کیا دیتا مگر اس کہانی کو پڑھ کر یہ یقین نہ آیا کہ یہ وہی علی باقر ہے جسے ہم نے یورپ جاتے وقت وداع کیا تھا تو تب بھی یہ قہقہے لگا رہا تھا۔ اس کی کہانی میں کچھ ایسا چھپا سا غم تھا، ایسی اچھوتی کسک تھی اور ایسا لطیف حُزن تھا کہ میں حیران رہ گیا کہ علی باقر نے آخر یہ دولت اب تک کہاں چھپا رکھی تھی۔ آدمی کو سمجھنا کتنا مشکل کام ہوتا ہے، اس کا اندازہ پہلی بار ہوا۔

اس کے بعد علی باقر کی پے بہ پے کئی کہانیاں شائع ہوئیں۔ علی باقر کے ساتھ مشکل یہ ہے کہ وہ پیشہ ور افسانہ نگار نہیں ہے۔ ادب میں زندہ رہنے کی مصلحتوں اور تقاضوں سے بالکل ناواقف۔ سوائے اپنے قریبی دوستوں کے اس نے کسی اور سے

اپنی کہانیوں کے بارے میں رائے نہیں پوچھی۔ حالانکہ مصلحت کا تقاضہ یہ ہوتا ہے کہ پہلے ناقدوں سے رائے پوچھی جائے اور اس کے بعد ضروری ہو تو قریبی دوستوں کو زحمت دی جائے۔ اس لئے کہ ادب میں زندہ رہنے کی یہی باتیں ہوتی ہیں۔ مگر اس کا ایک فائدہ علی باقر کے حق میں یہ ہوا کہ اس نے جب بھی کوئی کہانی لکھی تو سچی اور بے ساختہ کہانی لکھی۔ ہماری طرح نہیں کہ ایک ایک ناقد کو سامنے رکھ کر ادب تخلیق کئے جا رہے ہیں۔

اس اعتبار سے علی باقر کی کہانیاں "خالص کہانیاں" ہیں۔ یہی وجہ ہے کہ اس کی کہانیاں سیدھے دل میں اتر جاتی ہیں اور خوشبو بن کر ساری ذات میں مہکنے لگتی ہیں۔ علی باقر کی بعض کہانیاں پڑھ کر میرا وجود کئی دنوں تک معطر رہا۔ علی باقر نے احساس کے اس اچھوتے پن کو نہ جانے کس طرح اتنے دنوں تک چھپائے رکھا تھا۔ اس کا انداز بیان بھی بے حد انوکھا، بے ساختہ اور بے تکلف ہے۔ چھوٹے چھوٹے فقروں اور بے ضرر سے جملوں کو اکٹھا کر کے وہ جذبے اور احساس کی ایک عالیشان عمارت کھڑی کر دیتا ہے۔ اس کے پیرایہ بیان کو دیکھ کر بیا کے گھونسلے کی یاد تازہ ہو جاتی ہے۔ ایسا اچھوتا اسلوب مجھے اردو کے بہت کم افسانہ نگاروں کے ہاں دکھائی دیا۔

علی باقر کی اکثر کہانیاں یوروپ کے معاشرے کے پس منظر میں لکھی گئی ہیں۔ وہ جب یوروپ کی کہر آلود فضاؤں میں ڈوبے ہوئے لوگوں کی باتیں کرتا ہے تو ان

کے دکھ درد اور ان کی چھوٹی موٹی خواہشوں میں خود کو شامل کرلیتا ہے۔ سارا یوروپ جیسے اس کے سینے میں سانس لیتا ہوا محسوس ہوتا ہے۔ وہ مشرق کے دیگر ادیبوں کی طرح ایک خاص عینک لگا کر یوروپ کے لوگوں کو نہیں دیکھتا۔ براعظموں میں بٹے ہوئے سارے انسان یکساں ہیں۔ صرف ان کے حالات اور پس منظر الگ الگ ہیں۔

علی باقر کی کہانیوں کا بنیادی مسلک انسانیت اور انسانی رشتوں کو جوڑنے والا وہی جذبہ ہے جسے ہم محبت کہتے ہیں۔ اس کی ہر کہانی چاہے وہ "ہٹ دھرم" ہو، "کسک، ہو یا "پہلے عشق کی لذت"۔ انسان کے اسی آفاقی جذبے کی نمائندگی کرتی ہے۔ اس کی دیس بدیس کی کہانیاں پڑھ کر دل میں کیا کیا ہوتا ہے، کتنی کلیاں چٹکتی ہیں، کتنے زخم سلگ اٹھتے ہیں، کتنے تار بج اُٹھتے ہیں، یہ سب میں کیسے بتاؤں ؟ آپ خود پڑھ کر دیکھ لیجئے۔ اس کی فنکاری اسی میں پوشیدہ ہے کہ وہ چھوٹی سی بات میں بھی جذبے کی عظمت تلاش کرلیتا ہے۔ اس کی کہانی "تونل بانا" جب میں نے پڑھی تھی تو کتنی ہی دیر غمگین رہا تھا۔ اگر میں اس کہانی کو لکھتا تو اسے ایک لطیفے کی شکل میں بیان کر دیتا۔ مگر علی باقر نے اس کہانی میں ایک انجانے غم کی وہ تہہ داریاں تلاش کی ہیں جو ایک سلیقہ مند اور باوقار ادیب ہی سے ممکن ہے۔

علی باقر کی ایک اور پہچان یہ ہے کہ وہ ہم سب کے بنے بھائی یعنی سجاد ظہیر مرحوم اور محترمہ رضیہ سجاد ظہیر کا داماد ہے۔ مگر اس نے ادب میں اپنا مقام بنانے

کیلئے اس آسان اور مؤثر رشتے سے بھی فائدہ نہیں اٹھایا۔ اس نے تو بس کھری کہانیاں لکھی ہیں، ادب میں مقام بنانے سے کیا مطلب؟ بنے بھائی نے خود میرے سامنے کئی بار اس خواہش کا اظہار کیا تھا کہ علی باقر کو اپنے افسانوں کا مجموعہ شائع کرنا چاہئے، مگر اس معاملے میں وہ ایسا لاپرواہ ثابت ہوا کہ بنے بھائی کی زندگی میں ان کی اس خواہش کی تکمیل نہ کر سکا۔ (داماد چیز ہی ایسی ہوتی ہے) عملی زندگی میں وہ اب بھی ہر سنجیدہ بات کو ہنس کر ٹال دیتا ہے۔

افسانوں کے اس پہلے مجموعے کی اشاعت بھی دراصل میرے پیہم اصرار اور تقاضوں کا نتیجہ ہے۔ مگر میرے اصرار کا مطلب یہ تو نہ تھا کہ وہ مجھ سے ہی اس کتاب کا پیش لفظ، لکھواتا جسے میں اکثر "پس و پیش منظر" کہتا ہوں۔ بھلا میں کس ہنر میں یکتا ہوں۔ اپنی کم علمی اور لفظ کے ثبوت مثالوں کے ساتھ دے کر اس سے کہا "بھئی تم کسی بھاری بھر کم شخصیت سے کیوں نہیں لکھواتے؟"

بولا "میاں مجتبیٰ! ہم تو محبت کے دیوانے ہیں۔ وہی کریں گے جو محبت ہم سے کروائے گی" پھر آنکھ مار کر حسب دستور ٹھٹھا مارتے ہوئے بولا: "یوں بھی میں نہیں چاہتا کہ میری کتاب کی وجہ سے تمہارے علاوہ کسی اور کی شہرت میں اضافہ ہو۔ میں چاہتا ہوں کہ اب ذرا تم بھی مشہور ہو لو۔ اب مان جاؤ، اچھے بچے ضد نہیں کرتے"۔

شہرت اور محبت یہ دو چیزیں ایسی ہیں جن کیلئے میں کچھ بھی کر سکتا ہوں۔ پیش

لفظ لکھنا کون سا مشکل کام ہے۔ سو بحالت مجبوری میں نے علی باقر کے افسانوں کے چلتے جھکڑ کے آگے اپنے اس پیش لفظ کا چھوٹا سا دیا جلانے کی جسارت کی ہے جو یقیناً پہلے ہی افسانے کے جھونکے میں بجھ جائے گا۔ اس کے بعد میں اندھیرے میں رہ جاؤں گا اور آپ علی باقر کے افسانوں کی روشنی میں بہت دور تک چلے جائیں گے اور میں چاہتا بھی یہی ہوں۔

***

۵

حسن عسکری

پچھلے ہفتہ دوپہر کے کھانے کے بعد حسب معمول ہم قیلولے میں مصروف تھے کہ حسن عسکری کے برادر نسبتی ریاضؔ (جو اب آغا علمدار حسین کہلاتے ہیں) کا فون آیا کہ ابھی آدھا گھنٹہ پہلے مڈل سیکس (برطانیہ) میں آپ کے قدیم دوست پروفیسر حسن عسکری کا انتقال ہوگیا۔ ایسی اندوہناک خبریں سن کر ہمارے دل پر بجلیاں سی ضرور گرتی ہیں لیکن ایسی بجلیاں اب اتنے تواتر اور تسلسل کے ساتھ گرنے لگی ہیں کہ ہمارا دل خود بخود صبر ایوبی کا عادی ہوتا چلا جارہا ہے (بیچارہ دل)۔ تاہم یکبارگی ہمارا جی چاہا کہ کیوں نہ ہم خود ہی بے ساختہ اور برملا اس ناہنجار بجلی پر جاگریں جو ہمارے دل پر آن گری ہے۔ یہ تو خیر نہ ہوسکا البتہ یہ احساس ضرور ہوگیا کہ ہماری اور حسن عسکری کی دوستی کے جس سفر کا آغاز چھپن برس پہلے جون ۱۹۵۳ء کی کسی تاریخ کو دبیر پورہ ریلوے اسٹیشن پر ہوا تھا اب وہ ہمیشہ کیلئے رُک گیا ہے۔ ہم گلبرگہ سے انٹرمیڈیٹ پاس کرکے عثمانیہ یونیورسٹی میں بی اے کے پہلے سال

میں داخل ہوئے تھے اور غالباً حسن عسکری ان دنوں ایم اے کے آخری سال میں تھے۔ ہم دونوں دبیر پورہ اسٹیشن سے آرٹس کالج جایا کرتے تھے۔ ہمارا ایک اور پیارا دوست نقی تنویر ہم سے دوستی کے معاملہ میں حسن عسکری سے دو تین دن سینئر تھا۔ حسن عسکری عموماً اپنے ایک اور دوست عبدالرحمن کے ساتھ اسٹیشن پر آتے تھے۔ دونوں ہی کا قد چھ فٹ سے کچھ زیادہ ہی نکلتا ہوگا۔ ہم اکثر مذاق میں نقیؔ سے کہتے تھے کہ یہ دونوں ٹرین کے مسافر نہیں بلکہ ٹرین کے سگنل ہیں اور یہ سچ بھی ہے کہ جب تک یہ دونوں نہیں آتے ٹرین بھی نہیں آتی تھی۔ عسکری کی شخصیت میں ایک ایسی کشش تھی اور ان کے رکھ رکھاؤ اور چال ڈھال میں ایسا سلیقہ تھا کہ جیسے ہی انہیں دیکھا اسی وقت Friendship at first sight کا عمل ہماری ذات میں شروع ہوگیا۔ ہم نقی تنویر کے ساتھ دبیر پورہ اسٹیشن پر ٹرین کا انتظار کرتے تھے اور حسن عسکری اپنے دوست عبدالرحمن کے ساتھ آتے تھے۔ ایک دن نقی تنویر نہیں آئے اور دوسری طرف عبدالرحمن بھی غیر حاضر ہوئے تو ہم نے موقع کو غنیمت جانا اور کسی تکلف کے بغیر حسن عسکری سے اپنا تعارف کرایا کہ "جناب ! میں Rural Talent ہوں اور گلبرگہ سے آیا ہوں۔ بی اے کا طالب علم ہوں اور آپ سے ملنے کا مشتاق ہوں"۔ حسن عسکری نے خالص علمی انداز میں ایک معتبر اور مستند قہقہہ لگایا اور کہا "ضرور ملئے، مجھے بھی آپ سے مل کر نہ صرف خوشی ہو رہی ہے بلکہ آئندہ بھی ہوتی رہے گی"۔ عسکری نے جب اپنی پاٹ دار آواز میں یہ جملہ

ادا کیا تو ان کی آواز کے اُتار چڑھاؤ سے ہم کچھ ایسے متاثر ہوئے کہ یوں لگا جیسے کسی نے ہم پر جادو کر دیا ہو۔ یوں ہم پہلے تو ان کے حلقۂ اثر میں چلے گئے اور جلد ہی ان کے حلقہ احباب میں شامل ہو گئے۔ ہم فرحت نگر میں رہتے تھے اور وہ دبیر پورہ کے حسینی محلہ میں اپنے والد جناب علی نقی کے ساتھ رہتے تھے جو کسی زمانہ میں نواب آف بنگن پلی کی اسٹیٹ کے سیشن جج رہ چکے تھے۔ آرٹس کالج میں تو حسن عسکری سے کم ہی ملاقاتیں ہوتی تھیں۔ لیکن اورینٹ ہوٹل اوران کے گھر پر باقاعدگی سے محفلیں جمنے لگیں۔

عسکری کی باتوں میں کچھ ایسا سحر ہوتا تھا اور ان کے انداز بیان میں ایسی بصیرت، دلآویزی، فلسفیانہ تہ داریاں اور نئے نئے نکتے ہوتے تھے کہ وہ کہے اور سنا کرے کوئی والا معاملہ ہوتا تھا۔ ایک زمانہ میں حسن عسکری سائیکل پر اورینٹ ہوٹل جاتے تھے اور جاتے ہوئے بالعموم ہم ان کی سائیکل کے کیریئر پر اور واپسی میں ہم سائیکل کی سیٹ پر اور حسن عسکری کیریئر پر پائے جاتے تھے۔ پھر واپسی میں دیر تک ان کے گھر کے برآمدے والے چبوترے پر محفل جمتی تھی جس میں محمد ہادی صاحب (جو ان دنوں صاحب فراش ہیں)، آصفیہ لائبریری کے حسن مرزا اور ہم موجود ہوتے تھے، کبھی کبھار اختر زیدی بھی شریک ہو جاتے تھے۔ البتہ رات کو گیارہ اور بارہ بجے کے درمیان ایک ضعیف بھکاری ضرور وہاں آجاتا تھا جسے عسکری بڑے چاؤ سے کھانا کھلاتے اور پیسے دیتے تھے۔ وہ ہماری باتوں میں شریک تو

نہیں ہوتا تھا البتہ ہماری باتیں بڑے غور سے سنتا تھا۔ علم و دانش، فلسفہ و مذہب، شعر و ادب کا کوئی موضوع ایسا نہیں تھا جو ان بیٹھکوں میں زیر بحث نہ آیا ہو۔ ہمیں یہ تسلیم کرنے میں کوئی عار نہیں کہ ہماری ذہنی تربیت اور ذات کی تشکیل میں عسکری کی صحبتوں اور ان کے ہاں ہونے والی غیر رسمی بیٹھکوں کا بڑا دخل ہے۔ مغربی ادب، آرٹ، موسیقی، فلسفہ اور نئے نئے نظریات سے ہم پہلے پہل یہیں روشناس ہوئے۔ حسن عسکری کے مشورے پر ہی ہم نے غفلت میں مشہور جرمن فلسفی نطشےؔ کو ذرا سنجیدگی سے پڑھ لیا۔ تب ہم پر کچھ ایسی ذہنی کیفیت طاری ہوگئی کہ ہم اپنے ذہنی اور جذباتی بحران پر قابو پانے کی غرض سے راتوں کو حیدر گوڑہ کے عیسائیوں کے قبرستان میں اکیلے جاکر بیٹھنے لگے۔ دو ایک دوستوں نے مشہور کر دیا تھا کہ ہماری کوئی نوخیز محبوبہ یہاں دفن ہے جس کی یاد میں ہم بے خوف و خطر آدھی رات کو قبرستان میں جاکر بیٹھ جاتے ہیں۔ عسکری کو اطلاع ملی تو تاڑ گئے کہ ناتجربہ کاری کے باعث ہم نطشےؔ کے فلسفہ سے پیدا ہونے والی بدہضمی کے عارضہ میں گرفتار ہیں۔ بعد میں اس کا علاج انہوں نے اپنی عالمانہ اور فلسفیانہ باتوں کے علاوہ برگساںؔ اور ڈکارتؔ کے فلسفہ کے نسخوں سے کیا۔ ہمارے دوست مجید صدیقی مرحوم (رفیعہ منظورالامین کے بڑے بھائی) کا کہنا تھا کہ اگر نطشے کے فلسفہ نے تمہارے اندر دنیا کی ناپائیداری کا سچا ادراک پیدا کیا ہوتا تو تم مسلمانوں کے کسی قبرستان میں جاکر بیٹھ جاتے۔ عیسائیوں کے قبرستان اتنے صاف ستھرے اور پاک

ہوتے ہیں کہ یہاں جانے کے بعد آدمی میں زندگی کی ناپائیداری کا نہیں بلکہ زندگی اور دنیا کی پائیداری کا احساس اور بھی فزوں تر ہو جاتا ہے۔ ایسی آرام گاہیں تو ہمارے گھروں میں بھی نہیں ہوتیں۔ اسی دور ناپائیداری میں ہم نے موت کے موضوع پر دس کہانیاں بھی لکھی تھیں جنہیں حسن عسکری نے بہت پسند کیا تھا۔ ان کہانیوں کے بعض سامعین میں اسد جعفری، احمد معظم، احسن علی مرزا، اعجاز قریشی اور چندر سری واستو بھی شامل رہے ہیں۔ موخر الذکر دو سامعین اب بھی ہمارے درمیان موجود ہیں۔ بعد میں ہم نے مزاح نگاری کو اپنایا تو یہ کہانیاں بھی غالباً دنیا سے رخصت ہو گئیں۔ ڈھونڈے سے بھی یہ کہیں نہیں ملیں۔ حسن عسکری کی زندگی کی بعض تلخیوں اور غمگین سچائیوں کا ہمیں بخوبی علم ہے جن کی تفصیل میں جانا اب مناسب نہیں معلوم ہوتا۔ ایک ہی گھر میں رہنے کے باوجود وہ اپنے والد سے بوجوہ خوش نہیں رہے حالانکہ وہ بھی بڑے عالم و فاضل اور علم دوست آدمی تھے۔

والد چونکہ بے حد کفایت شعار اور منظم آدمی تھے، اسی لئے عسکری نے شاید انتقاماً اپنے آپ کو نہایت فضول خرچ، لاپرواہ، بے راہرو اور غیر ذمہ دار انسان بنالیا تھا۔ ان کی فضول خرچی کے پس منظر میں ہم نے ایک بار امریکہ کی مخالفت کی خاطر یہاں تک کہا تھا کہ اگر کوئی امریکہ سے واقعی بدلہ لینا چاہتا ہے تو اسے چاہئے کہ وہ کسی طرح حسن عسکری کو امریکہ کا پریسیڈنٹ بنوادے۔ ایک ہفتے کے اندر امریکہ کا سارا مالیہ خرچ ہو جائے گا اور اس کی معیشت نہ صرف تباہ و تاراج ہو جائے گی بلکہ

اس کی اینٹ سے اینٹ بج جائے گی۔ حسن عسکری ریس کھیلنے کے شوقین تھے اور ایک زمانہ میں ہم بھی شوقیہ طور پر ریس کھیلا کرتے تھے۔ زندگی میں صرف ایک ہی مرتبہ ہم دونوں نے ساتھ مل کر ریس کھیلی تھی اور آٹھ دن تک لگاتار کھیلتے رہے تھے۔ اس کا حال ایک الگ ہی مضمون بلکہ ایک کتاب کا طلبگار ہے۔ اس ایک واقعہ کو چھوڑ کر ہم نے کبھی مل کر ریس نہیں کھیلی۔ آپ تو جانتے ہیں کہ ریس میں ہمیشہ ریس سے پہلے شائقین کو گھوڑوں کا دیدار کرایا جاتا ہے۔ ہم عسکری کو ہمیشہ منع کرتے تھے کہ وہ گھوڑوں کا دیدار کرنے کیلئے نہ آیا کریں کیونکہ عسکری گھوڑوں کا اتنا دیدار نہیں کرتے جتنا کہ گھوڑے خود عسکری کا دیدار کرلیتے ہیں۔ ہمارا خیال تھا کہ عسکری کی اونچی پوری اور بھرپور شخصیت کو دیکھ کر گھوڑے اتنے مرعوب ہو جاتے ہیں کہ وہ بالآخر احساس کمتری میں مبتلا ہو جاتے ہیں اور ان کی چستی اور پھرتی کافور ہو جاتی ہے۔ نتیجہ میں ریس چوپٹ ہو جاتی ہے۔ عسکری کے بارے میں ہم لکھنے پر اتر آئیں تو بلا مبالغہ ہزاروں صفحات کا دفتر کھل جائے گا۔ ہم نے ان واقعات کو اپنی اُس خود نوشت سوانح عمری کیلئے اٹھا رکھا ہے جسے ہم نے لکھنا شروع کر دیا ہے۔

عسکری بہترین استاد تھے۔ وہ اپنے طلبہ سے نہ صرف برادرانہ تعلقات رکھتے تھے بلکہ انہیں اپنا بڑا بھائی تک سمجھ لیتے تھے۔ چنانچہ ان کے سینکڑوں شاگردوں سے ہمارے بھی برادرانہ تعلقات رہے ہیں۔ ۱۹۷۲ء میں ہم دہلی چلے گئے تو دو تین سال بعد حسن عسکری بھی پروفیسر خسروؔ کی عنایت سے علی گڑھ مسلم یونیورسٹی میں

سماجیات کے ریڈر ہیڈ بن کر آ گئے۔ یہ ان ہی کی کشش تھی کہ بسا اوقات ہم اسکوٹر پر سوار ہو کر موقع بے موقع دہلی سے علی گڑھ جانے لگے۔ شہریار سے ملاقات بھی حسن عسکری کی معرفت ہی ہوئی۔ ہمیں یاد ہے کہ حسن عسکری کو علی گڑھ آئے ہوئے ساتھ آٹھ دن ہی گزرے تھے کہ یوم جمہوریہ جشن آزادی کا موقع آ گیا۔ اس سلسلہ میں ایک تقریب وہاں کے ٹاؤن ہال میں آراستہ تھی جس میں وائس چانسلر اور علی گڑھ کے ڈسٹرکٹ مجسٹریٹ (کلکٹر) وغیرہ بھی موجود تھے۔

ہم نے عسکری کو بتائے بغیر منتظمین سے خواہش کی کہ وہ حسن عسکری کو بھی اظہار خیال کی دعوت دیں۔ ہم اور شہریار ہال کی بالکل پچھلی صف میں حسن عسکری کے ساتھ بیٹھے تھے۔ اچانک حسن عسکری کا نام پکارا گیا۔ اب جو حسن عسکری ہال کی راہداری میں سے اپنے اونچے پورے قد کے ساتھ اپنے سینہ کو ذرا خم دے کر مخصوص انداز سے چلنے لگے تو علی گڑھ والوں کو پتہ چلا کہ بعض مقرر ایسے بھی ہوتے ہیں جن کی چال بھی ان کے زور خطابت کا حصہ ہوتی ہے۔ جب عسکری نے اپنی پاٹ دار آواز میں مخصوص لب ولہجہ کے ساتھ انگریزی میں تقریر شروع کی تو سچ مچ سماں باندھ دیا۔ یوں علی گڑھ والوں کو پتہ چلا کہ ان کے درمیان ایک جادوگر آ گیا ہے۔ وہ جب بھی علی گڑھ سے دہلی آتے تو ہم سے اور عمیق حنفی سے ضرور ملتے تھے۔ دنیاداری وہ بالکل نہیں جانتے تھے۔ بے نیازی اور قلندری ان کے مزاج میں کوٹ کوٹ کر بھری ہوئی تھی۔ چار پانچ برس بعد کسی کو بتائے بغیر وہ علی گڑھ سے

اچانک شاید ایران گئے یا غالباً ہالینڈ گئے۔ آگے کا حال علی ظہیر بہتر طور پر جانتے ہیں۔ کیونکہ ہمارے دہلی آنے کے کچھ عرصہ پہلے ہی علی ظہیر ان کے سجادہ نشین بن گئے تھے۔ ہم ۱۹۸۴ء میں یوروپ گئے تو حسن عسکری اپنے بال بچوں سمیت برمنگھم میں مقیم تھے۔ لندن میں ڈیڑھ مہینہ کے قیام کے دوران میں ہر ویک اینڈ پر حسن عسکری ہماری خاطر لندن آجاتے تھے۔ ہماری ساری تقاریب میں شرکت کی اور ایک بار ہمیں برمنگھم بھی لے گئے۔ پچھلے دنوں علی ظہیر نے یہ مژدہ سنایا تھا کہ حسن عسکری نے اوپنشد کا جو اردو ترجمہ کیا ہے وہ زیر طبع ہے اور جلد ہی نہ صرف کتاب چھپ کر آئے گی بلکہ اس موقع پر خود حسن عسکری بھی آئیں گے۔ اس سلسلہ میں ان سے ایک بار فون پر بھی بات ہوئی تھی۔ ان کا ایک طویل خط بھی ہمیں ملا تھا جسے پڑھنے کے بعد ہمیں پہلی بار احساس ہوا کہ وہ ہمارے بارے میں مبالغہ آمیز حد تک اچھی رائے رکھتے ہیں۔ ہم حیدرآباد میں ان کے قدموں کی آہٹ کو سن ہی رہے تھے کہ ان کا بلاوا آگیا اور وہ اس دنیا کو ہی چھوڑ کر چلے گئے۔ شخصی طور پر ایسا دوست، ایسا مخلص انسان، ایسا عالم، ایسا قلندر، ایسا مشفق اب ہمیں کبھی نہیں ملے گا۔ تاہم ایک اطمینان یہ ہے کہ خود ہماری عمر کی نقدی بھی اب قریب الختم ہے۔

***

۶

سلیمان خطیبؔ

سلیمان خطیب جب تک زندہ رہے بہت سیدھے سادے آدمی دکھائی دیتے تھے۔ مگر جب مر گئے تو احساس ہوا کہ بہت پیچیدہ آدمی تھے۔ وہ شعلہ بھی تھے اور شبنم بھی۔ وہ میرے بزرگ بھی تھے اور مجھ سے چھوٹے بھی۔ وہ سخت بھی تھے اور ملائم بھی۔ وہ لوگ کو ہنساتے بھی تھے اور رُلاتے بھی۔ جس آدمی کی ذات میں اتنے رنگ ہوں اس کے بارے میں کچھ کہنا بہت مشکل ہے۔

انہیں میں نے آج سے بتیس برس پہلے اس وقت دیکھا تھا جب میں گلبرگہ کے آصف گنج مڈل اسکول کا طالب علم تھا۔ ایک دن ہماری جماعت کے طلباء سے کہا گیا کہ انہیں پینے کے پانی کی سربراہی کے نظام سے واقف کرانے کیلئے فلٹر بیڈس لے جایا جائے گا۔ وہیں پر میں نے فلٹر بیڈس اور سلیمان خطیب دونوں کو پہلی بار دیکھا۔ وہیں یہ بھی پتہ چلا کہ سلیمان خطیبؔ ہی گلبرگہ کے بچہ سقّہ ہیں۔ سلیمان خطیبؔ زندگی بھر گلبرگہ کے لوگوں کی پیاس بجھاتے رہے۔ انہوں نے گھاٹ گھاٹ کا پانی

پیا لیکن اپنی شاعری میں دودھ کا دودھ اور پانی کا پانی کرتے رہے۔

اس کے بعد انہیں گلبرگہ میں جگہ جگہ دیکھا۔ اُن دنوں وہ بہت خوش پوشاک ہوا کرتے تھے۔ اپنے لباس کو دیکھ کر وہ بھلے ہی خوش نہ ہوتے ہوں مگر لوگ ضرور خوش ہوا کرتے تھے۔ اہتمام کے ساتھ سوٹ پہنتے تھے۔ بوشرٹ اور پتلونیں بھی پہنتے تھے اور سر پر ہمیشہ فیلٹ ہیٹ لگی رہتی تھی۔ فیلٹ ہیٹ پہننے کا مقصد اپنے سر کو موسمی اثرات سے بچانا نہیں ہوتا تھا بلکہ وہ اپنے سر کو ایک راز کی طرح ساری دنیا سے پوشیدہ رکھتے تھے۔ خیر سے اس وقت بھی اُن کے سر پر بالوں کی یہ حالت تھی کہ حجام فیلٹ ہیٹ سر سے اُتارے بنا ہی ان کی حجامت بنا دیتا تھا۔ وہ دن بھر گلبرگہ کی سڑکوں پر نظر آتے تھے۔ کام بھی کیا تھا۔ صبح نل کی ٹونٹی کھولی اور شام میں بند کر دی۔

اُن سے میری باضابطہ ملاقات ۱۹۵۳ء میں ہوئی۔ اُن دنوں میں گلبرگہ انٹرمیڈیٹ کالج کا طالب علم تھا اور عمر کے تقاضے سے مجبور ہو کر ڈراموں میں بڑھ چڑھ کر حصہ لیا کرتا تھا۔ کالج میں کئی ڈرامے کھیلے اور اپنی اداکاری کا وہ منوایا جسے لوہا کہتے ہیں۔ جب ہم لوگوں نے گلبرگہ کالج میں خواجہ احمد عباس کا ڈرامہ "یہ امرت ہے" اسٹیج کرنے کا فیصلہ کیا تو پتہ چلا کہ اس ڈرامے کے ہدایت کار سلیمان خطیب ہوں گے۔ وہ میرے بڑے بھائیوں محبوب حسین جگر اور ابراہیم جلیس کے ملنے والوں میں سے تھے۔ اس لئے یہ خوف دامن گیر ہوا کہ وہ جو ہدایت دیں گے اس پر

صدق دل سے عمل بھی کرنا ہوگا۔ سخت مایوسی ہوئی۔ سلیمان خطیبؔ نے جب ڈرامے کی ہدایت کاری شروع کی تو پتہ چلا کہ موصوف اپنے سینگ کٹوا کر بچھڑوں میں شامل ہونے کی زبردست صلاحیت رکھتے ہیں۔ اس ڈرامے کی ریہرسلوں کے دوران اُن سے وہ بے تکلفی ہوئی جو زندگی بھر قائم رہی۔ ہم اُن سے دنیا بھر کا بے تکا مذاق کرتے اور وہ سب کچھ برداشت کر لیتے۔ ڈرامے کی ریہرسل گلبرگہ کالج کے ہوسٹل میں ہوتی تھی۔ وہاں کبھی سلیمان خطیب ہمیں ڈائرکٹ کرتے تھے اور کبھی ہم سلیمان خطیب کو۔ یہ اور بات ہے کہ ہمارے ڈرامے ذرا مختلف ہوا کرتے تھے۔

گلبرگہ کالج کے ہاسٹل کے برابر میں ایک مالدار شخص کی کوٹھی تھی جس میں وہ اپنی اولاد کے علاوہ مرغیوں کو بھی پالتے تھے۔ فرق صرف اتنا تھا کہ اولاد کے مقابلے میں اُن کی مرغیاں زیادہ اچھی نسل کی تھیں۔ اس لئے ہم ان کی اولاد سے کہیں زیادہ ان کی مرغیوں میں دلچسپی لیا کرتے تھے۔ چنانچہ موقع ملتے ہی ہم اُن کی مرغیوں کو پکڑ کر کھا جاتے تھے اور ماشاء اللہ ہاسٹل کا کھانا کھانے کے باوجود ہماری صحت بہت اچھی رہتی تھی۔ مگر یہ کم بخت مرغیاں اتنی چالاک تھیں کہ بڑی مشکل سے ہاتھ آتی تھیں۔ چار چار پانچ پانچ دن کے انتظار کے بعد کہیں جا کر ایک مرغی پکڑی جاتی تھی۔ ایک دن سلیمان خطیبؔ حسب معمول ڈرامے کو ڈائرکٹ کر رہے تھے کہ ایک مرغی خود بخود ہمارے ڈرامے میں شامل ہوگئی۔ ہم ریہرسل کو چھوڑ کر مرغی کے پیچھے بھاگے۔ سلیمان خطیب نے ہدایت دی کہ ہم مرغی کا پیچھا چھوڑیں

اور خواجہ احمد عباس کے ڈرامے سے مطلب رکھیں لیکن کچھ دیر بعد ہم نے سلیمان خطیب کو ہدایت دی اور انہیں مجبور کیا کہ وہ بھی مرغی کو پکڑنے میں ہماری مدد کریں۔ بادل ناخواستہ وہ مرغی پکڑنے کے ڈرامے میں ایک اداکار بننے پر راضی ہوگئے لیکن تھوڑی ہی دیر بعد انہوں نے اپنی اداکاری کے وہ جوہر دکھائے کہ مرغی انہیں کے مبارک ہاتھوں سے پکڑی گئی۔ مرغی پکائی گئی اور خوب مزے لے لے کر کھائی گئی۔ جب مرغی کا ڈرامہ ختم ہوگیا تو میں نے کہا "خطیب بھائی خیال رہے مرغی آپ نے پکڑی ہے۔ شام کو جب پکڑ دھکڑ شروع ہوگی اور خدانخواستہ معاملہ پیچیدہ ہوجائے تو ہم لوگ آپ کا نام بتادیں گے۔" بہت سٹپٹائے اور گھبرا گئے۔ ان کا سٹپٹانا واجبی تھا۔ اس لئے کہ غالباً انہوں نے پہلی بار مرغی پکڑی تھی۔ آدمی جب پہلی بار مرغی پکڑتا ہے تو ایسا ہی ہوتا ہے۔ یہ سنتے ہی اچانک بپھر گئے اور بولے "تم لونڈوں کو منہ لگانا بیکار ہے۔ تم لوگوں کی صحبت میں رہنا ہی غلط ہے اور پھر تیرے کو اتنا خیال نہیں آتا کہ میں تیرے بڑے بھائیوں کا ملنے والا ہوں"۔ اس پر میں نے کہا "یہ ٹھیک ہے کہ آپ میرے بڑے بھائیوں کے ملنے والے ہیں لیکن اس کے باوجود یہ ایک حقیقت ہے کہ آپ نے مرغی پکڑی ہے۔ بڑے بھائیوں سے ملنا اور مرغی پکڑنا دو الگ الگ چیزیں ہیں"۔

خیر جب ڈرامہ "یہ امرت ہے" اسٹیج کیا گیا تو میں نے اس میں ایک مزدور کا کردار ادا کیا جو ڈرامے کا سب سے اہم اور کلیدی کردار تھا۔ اب اپنے منہ سے اپنی

تعریف کیا کروں۔ یہ کردار میں نے ایسی خوبی سے ادا کیا کہ سارا اپنڈال تالیوں سے گونج اُٹھا۔ (یہ تالیاں مجھے اب بھی کبھی تنہائی میں صاف سنائی دیتی ہیں) اس وقت کی محبوب شاہی ملز کے مالک نے میری اداکاری سے متاثر ہو کر یا پھر میرے کردار سے گھبرا کر ایک سو روپیہ نقد انعام دینے کا اعلان کیا تھا۔ ڈرامہ ختم ہو تو سلیمان خطیب نے مجھ سے کہا "پاشا! اس میں سے آدھی رقم میرے کو دینا کیونکہ میں اس ڈرامے کا ہدایت کار تھا"۔ میں نے کہا "اور وہ جو آپ نے مرغیاں کھائی تھیں تو وہ کس کھاتے میں جائیں گی"۔

سلیمان خطیب سے میرے مراسم کی پہلی اینٹ اسی ڈرامے پر رکھی گئی تھی۔ وہ ہمارے ڈرامے کے ڈائرکٹر تھے اور میں اس ڈرامے کا ایک کردار تھا۔ اس کے بعد میں گلبرگہ سے حیدرآباد چلا آیا۔ میں انہیں برسوں ڈرامے کا ہدایت کار ہی سمجھتا رہا۔ پھر ۱۹۶۰ء کے آس پاس سلیمان خطیب ایک دکنی شاعر کی حیثیت سے ایسے مشہور ہوئے کہ مشاعروں میں تہلکہ مچادیا۔ دیکھتے ہی دیکھتے "سلیمان خطب وانٹیڈ" نہ صرف مشاعروں کا بلکہ دیگر سماجی محفلوں کا محبوب نعرہ بن گیا۔ سلیمان خطیب کسی شادی میں شرکت کیلئے پہنچتے اور لوگ ادھر پکارنا شروع کر دیتے۔ "سلیمان خطیب وانٹیڈ" اور بیچارہ قاضی پریشان ہو جاتا۔

یہ لطیفہ نہیں، حقیقت ہے کہ ایک بار سلیمان خطیبؔ ایک فلم دیکھنے گئے۔ انٹرویل ہوا تو وہاں کے تماشائیوں نے سلیمان خطیبؔ کو دیکھ لیا۔ انٹرویل کے بعد

فلم کچھ ایسی غیر دلچسپ ہو گئی کہ تماشائی جمائیاں لینے لگے۔ ایسے میں کسی نے سامنے والی نشستوں سے نعرہ لگایا "سلیمان خطیب وانٹیڈ"۔ اس نعرے کے بعد وہ سچ مچ اپنی نشست سے کھڑے ہو گئے اور اسٹیج کی طرف بڑھنا ہی چاہتے تھے لیکن انہیں سمجھا کے بلکہ اُن کی شیروانی کا دامن کھینچ کے انہیں پھر سے اپنی نشست پر بٹھا دیا گیا۔ ورنہ وہ تو فلم کا حصہ بننے چلے تھے۔ ۱۹۶۲ء کے آس پاس میں نے بھی مزاح نگاری شروع کی۔ سلیمان خطیب خوش ہوئے اور اس کے بعد ہم دونوں کے درمیان ایک خفیہ معاہدہ ہوا جسے فارسی میں "من ترا حاجی بگویم تو مرا حاجی بگو" والا معاہدہ کہتے ہیں۔ اگرچہ میں اس معاہدے پر کبھی سختی سے کاربند نہیں رہا لیکن سلیمان خطیب بڑی ایمانداری کے ساتھ معاہدے کے پہلے نصف حصہ یعنی "من ترا حاجی بگویم" پر قائم رہے۔ مزاح نگاری کے سلسلے میں مجھے اور سلیمان خطیب کو حیدرآباد، بمبئی، دہلی اور پٹنہ اور ملک کے دیگر شہروں کی کئی ادبی محفلوں میں کئی بار ایک ساتھ پیش ہونے کا موقع ملا۔ یہ ایک اتفاق ہے کہ جہاں میں نثر کے حصے میں واجبی سی داد وصول کر لیتا تھا، وہیں شعر کی محفل میں سلیمان خطیب داد وصول کرتے کرتے تھک جاتے تھے۔ جیسے ہی محفل ختم ہوتی تو سیدھے اُٹھ کر میرے پاس آتے اور کانا پھوسی کے انداز میں کہتے۔ "کیوں پاشا کیسا چت کر دیا بیٹوں کو، ارے ہم دونوں کے سامنے کون ٹک سکتا ہے، تو مزاحیہ نثر کا بادشاہ! میں مزاحیہ شاعری کا بادشاہ، کوئی سالا ہم سے آنکھ ملا کر بات نہیں کر سکتا"۔ یہ جملہ کہہ کر بچوں کی طرح خوش

ہوتے۔ انہیں یہ خوش فہمی تھی کہ ہم لوگ اچھے مزاح نگار بھی صرف اس لئے ہیں کہ ہمارا تعلق گلبرگہ سے ہے۔ ان کے کلیے کے مطابق اگر کوئی آدمی اچھا مزاح نگار بننا چاہتا ہے تو اسے باہر سے آکر گلبرگہ میں پیدا ہونا چاہئے۔ وہ اپنے اس کلیے کی اتنی تشہیر کرتے کہ کبھی کبھی تو مجھے بھی ان کا کلیہ درست معلوم ہونے لگتا۔

۱۹۷۲ء میں جب میں دہلی میں رہنے لگا تو مجھے خیال آیا کہ سلیمان خطیب کو دہلی سے اور دہلی کو سلیمان خطیب سے روشناس کرانا چاہئے۔ چنانچہ دہلی پہنچنے کے تین مہینے بعد ہی میں نے مسز سبھدرا جوشی کے رسالے "سیکولر ڈیموکریسی" کے کارکنوں کو ورغلایا کہ وہ ہولی کے موقع پر ایک کل ہند مزاحیہ مشاعرہ منعقد کریں۔ میری بات مان لی گئی اور حیدرآباد سے کئی زندہ دل اور گلبرگہ سے سلیمان خطیب دہلی پہنچے۔ مجھے ڈر تھا کہ کہیں سلیمان خطیب کی دکنی شاعری دہلی والوں کے لئے بھاری نہ پڑ جائے۔ اس لئے میں نے مشاعرے میں ان کیلئے ماحول کو سازگار بنانے کی خاطر ایک لمبا چوڑا تعارف لکھ دیا۔ لال قلعے کے سامنے یہ مشاعرہ تھا، ہزاروں سامعین موجود تھے، جن میں مرکزی حکومت کے کئی وزراء بھی شامل تھے۔ دہلی میں یہ اپنی نوعیت کا پہلا مشاعرہ تھا۔ میں دل ہی دل میں سلیمان خطیب کے تعلق سے خوفزدہ تھا۔ لمبے چوڑے تعارف کے بعد جب سلیمان خطیب مائک پر آئے تو میں نے دم سادھ لیا۔ میں یہ کہتا چلوں کہ سلیمان خطیب بہت اچھے اداکار بھی تھے۔ جہاں شاعری سے کام چلنے کا امکان کم ہوتا وہاں شاعری سے پہلے ڈرامائی ماحول ضرور

تیار کرتے۔ سلیمان خطیبؔ نے اس رات ڈرامہ اور شاعری دونوں کی صلاحیتوں کو کچھ اس طرح ہم آہنگ کیا کہ سارا پنڈال تالیوں اور قہقہوں سے گونجنے لگا۔ وہ بے پناہ داد وصول کر کے مائیک سے واپس آئے تو حسب معمول میرے پاس آئے اور بولے "کیوں پاشاہ! اب بول کیا بولتا ہے۔ لال قلعے پو گلبرگہ کا جھنڈا گاڑ دیانا"۔ لال قلعے پر گلبرگہ کا جھنڈا گاڑنے والی بات انہوں نے یوں کہی جیسے کہنا چاہتے ہوں کہ ماضی میں ہمیشہ شمال والوں نے دکن پر حملہ کیا تھا اب کئی صدیاں گزرنے کے بعد لال قلعے پر دکن کا کامیاب حملہ ہوا ہے۔ اس جملے کے ساتھ ہی مجھے ابوالحسن تاناشاہ، عبدالرزاق لاری اور حسن گنگو بہمنی اور نہ جانے کن کن کی یاد آگئی۔

سلیمان خطیب کے اندر جہاں ایک بڑا شاعر بیٹھا ہوا تھا، وہیں اس کے برابر ایک معصوم سا بچہ بھی بیٹھا ہوا تھا جو اُن سے بچوں کی طرح حرکتیں کرواتا تھا۔ چھوٹی سی چھوٹی بات پر جذباتی ہو جاتے۔ ضد کرنے لگتے تو ضد ہی کرتے رہ جاتے۔ انہیں اپنی شہرت کا نہ صرف احساس بلکہ ضرورت سے زیادہ احساس تھا۔ یہ سڑک پر جا رہے ہوں اور راہ چلتی لڑکیوں میں سے کوئی لڑکی اپنی سہیلیوں سے کہہ دیتی کہ "یہ سلیمان خطیب ہیں" تو فوراً انہیں 'بریک' سی لگ جاتی۔ گردن اکڑ جاتی، ٹوپی کو اور ذرا ٹیڑھی کر لیتے لیکن اتنی زیادہ ٹیڑھی نہ کرتے کہ ان کے سر کا راز فاش ہو جائے۔ ان کی ایک عادت یہ تھی کہ ان کے پیٹ میں کوئی بات نہیں رہتی تھی۔ کوئی بات انہیں معلوم ہو جائے تو وہ سارے شہر کو سنانے کیلئے نکل کھڑے ہوتے

تھے۔

کچھ سال پہلے ان کی طبیعت اچانک خراب ہو گئی۔ ڈاکٹروں نے شبہ کیا کہ شاید قلب پر حملہ ہوا ہے۔ اس شبہ کا اظہار ہونا تھا کہ انہوں نے طبی معائنوں کا انتظار کئے بغیر سارے احباب کو خوشی خوشی مطلع کر دیا کہ "مجھے ہارٹ اٹیک ہو گیا ہے"۔ اخباروں میں یہ خبر بھی چھپ گئی۔ بعد میں جب ڈاکٹروں نے تفصیلی طبی معائنہ کیا تو پتہ چلا کہ ہارٹ اٹیک نہیں ہے۔ بہت سٹپٹائے۔ ڈاکٹروں کی منت سماجت کرتے رہے کہ خدا کیلئے اس راز کو فاش نہ کیجئے۔ 'ہارٹ اٹیک' کے عنوان سے کئی احباب میری مزاج پرسی کر چکے ہیں۔ اخباروں میں بھی یہ خبر چھپ گئی ہے۔ اب اس مرحلے پر بیماری کی تبدیلی مناسب نہیں ہے۔ 'ہارٹ اٹیک' ہی اچھی بیماری ہے اور اس میں لوگ بڑی بھرپور مزاج پرسی کرتے ہیں۔ بھلا کون آدمی ہوگا جو اپنے منہ سے نکلی ہوئی بات کا اتنا پاس ولحاظ رکھتا ہو۔

سلیمان خطیبؔ عملی آدمی بالکل نہیں تھے۔ دنیا اور دنیاداری کے تقاضوں سے بالکل بے نیاز، مشاعروں میں شرکت کیلئے جاتے تو بڑی اوٹ پٹانگ حرکتیں کرتے تھے۔ ایک بار سری نگر کے مشاعرے میں شرکت کیلئے جاتے ہوئے دہلی میں مجھے پہلے سے اطلاع دے دی تھی کہ میں انہیں لینے اسٹیشن آ جاؤں۔ دہلی کے اسٹیشن پر علی الصبح میں نے انہیں ریسیو کیا۔ انہیں شام کی گاڑی سے جموں جانا تھا۔ دوپہر تک آرام کیا۔ پھر اچانک انہیں ایک بات یاد آ گئی۔ بولے "پاشاہ! ایک غلطی ہو گئی۔

ارے میرا ٹکٹ جموں تک کا تھا۔ مگر صبح میں نے دہلی کے اسٹیشن سے نکلتے ہوئے یہ ٹکٹ گیٹ کیپر کو دے دیا۔ بھئی اب کیا کرنا بول؟" میں بھاگا بھاگا اسٹیشن گیا۔ تین گھنٹوں تک صبح میں جمع کئے گئے ٹکٹوں کی چھان بین کی گئی مگر اُن کا ٹکٹ نہ ملا۔ چارو نا چار دوسرا ٹکٹ خریدا گیا اور وہ شام کی گاڑی سے جموں چلے گئے۔ پورے ایک ہفتہ بعد سری نگر پر گلبرگہ کا جھنڈا لہرا کر واپس ہوئے تو دیکھا کہ اس بار مال غنیمت کے طور پر اپنے ساتھ کشمیری پھلوں کے پندرہ بیس ڈبے لے آئے ہیں۔ میں نے کہا "اتنے سارے پھل کیوں لے آئے۔ کیا پھلوں کی دکان کھولنے کا ارادہ ہے" بولے "ارے دوستاں اور بچے کھالیں گے رے، رہنے دے" میں نے پوچھا "کیا سارے ڈبوں میں سیب ہیں؟" بولے "نہیں سات ڈبے چیریز کے ہیں"۔ میں نے ماتھا پیٹ کر کہا "خطیب بھائی! آپ کو شاید یہ پتہ نہیں ہے کہ چیریز ایسا پھل ہے جو ڈبے میں دو دن سے زیادہ محفوظ نہیں رہ سکتا۔" بولے "میرے کو کیا معلوم رے۔ میں تو تین دن پہلے ہی ان کی پیکنگ کرالیا تھا"۔ میں نے ایک ڈبہ کھولا تو دیکھا کہ چیریز گل کر پانی بن رہی ہیں، پھلوں کا یہ حشر دیکھ کر اداس ہوگئے۔ سارے ڈبے لے کر دہلی کی جامع مسجد کے سامنے پہنچے اور انہیں غریبوں میں بانٹنے کا سلسلہ شروع کیا۔ رات کا وقت تھا۔ اس وقت غریب بھی بڑی مشکل سے مل سکتے تھے۔ ایک ایک کو نیند سے جگا جگا کر چیریز دیں۔ پھر بولے "چل پاشاہ! پھل کام تو آ گئے۔ بیچارے غریباں کو دعا دیں گے"۔

وہ زندگی بھر بیل گنوا کے رسی لاتے رہے۔ یہ ان کی نیک نیتی ہی تھی جس کے باعث وہ ایک وضع دار اور باوقار زندگی گزار سکے ورنہ وہ کاروباری آدمی بالکل نہیں تھے۔ دوستوں کی مدد کرنے کا انہیں جنون تھا۔

وہ خود تو مزاح نگار تھے ہی مگر قدرت بھی ان کے ساتھ ہمیشہ مذاق کرتی رہتی تھی۔ حمایت اللہ اس واقعہ کے راوی ہیں کہ زندہ دلان کے ایک مشاعرہ میں شرکت سے وہ محض اس لئے معذور تھے کہ ان کا عہدیدار انہیں حیدرآباد جانے کیلئے رخصت منظور کرنے کو تیار نہیں تھا۔ اس کے باوجود انہوں نے مشاعرے میں شرکت کی ایک ترکیب نکالی، حمایت اللہ کو مشورہ دیا کہ وہ حیدرآباد سے کچھ ایسا ٹیلی گرام کریں کہ ان کا عہدیدار انہیں چھٹی دینے پر مجبور ہو جائے۔ حمایت اللہ نے اپنے قد کے حساب سے سوچا کہ خطیب بھائی کی ساس صاحبہ غالباً اس دنیا سے گزر چکی ہیں۔ لہذا ان کی علالت کا تار کیوں نہ دیا جائے۔ سو سلیمان خطیب کو تار بھی گیا اور وہ آ بھی گئے۔

اس ٹیلی گرام کے ملنے کے بعد سارے گھر میں کہرام مچ گیا۔ سلیمان خطیب کو یہ ثابت کرنے کیلئے کافی جستجو کرنی پڑی کہ ٹیلی گرام اور ٹیلی گرام کی ساس دونوں مختلف اور فرضی ہیں۔ رخصت تو خیر منظور ہوئی مگر حمایت اللہ سے کئی دنوں تک ناراض رہے کہ میری ساس کی جان کے پیچھے کیوں پڑا ہے۔ وہ اپنے سسرالی رشتے داروں کی بڑی عزت کرتے تھے۔

اُن سے میری آخری ملاقات جنوری ۱۹۷۸ء میں پٹنہ میں ہوئی۔ صحت ان کی ٹھیک نہیں تھی۔ عجیب عجیب سے دکھائی دیئے۔ اکثر آنکھیں بند کئے بیٹھے رہتے۔ میرا ماتھا اسی وقت ٹھنکا تھا۔ میں نے کہا "خطیبؔ بھائی ! اب مشاعرے برخاست کیجئے۔ اتنے لمبے سفر اب آپ کو نہیں کرنے چاہئیں۔ گلبرگہ کا جھنڈا بہت لہرا چکے"۔

میری بات کے جواب میں انہوں نے کچھ نہ کہا۔ صرف آنکھیں بند کر کے خاموش ہو گئے۔ اس وقت میں نے محسوس کیا کہ وہ کچا پکا وعدہ اور مٹّی مٹّی آس بنتے جا رہے ہیں۔ پھر رخصت ہوتے وقت کہا "پاشا گلبرگہ کب آئیں گا۔ اب کے حیدرآباد آیا تو گلبرگہ ضرور آنا"۔

پچھلے دنوں ایک دن 'سیاست' کے ذریعہ یہ اطلاع ملی کہ سلیمان خطیبؔ بیمار ہیں۔ میں نے دہلی سے ٹرنک کال کر کے اپنے ایک دوست سے ان کی خیریت پوچھی۔ پتہ چلا کہ اب طبیعت سنبھل رہی ہے لیکن اس کے دو دن بعد میں نے دوست کو پھر ٹرنک کال کیا۔ دوست نے کہا "آپ نے ٹرنک کال کرنے میں بہت دیر کر دی۔ خطیبؔ بھائی کو دوسری دنیا کی طرف گئے، پورے ۳۲ گھنٹے بیت گئے"۔

اس اطلاع کو سننے کے بعد نہ دل پر بجلی گری، نہ آنکھوں کے آگے اندھیرا چھایا۔ بس اتنا ہوا کہ کیوڑے کا کانٹا کلیجے کے پاس چبھ گیا۔

مشاعروں میں سلیمان خطیب کی عادت یہ تھی کہ ایک نظم سنانے کے بعد فوراً

مائیک سے پلٹ جاتے اور ایک دو قدم بڑھ کر سامعین کی طرف پیٹھ کر کے ایک لمحہ کیلئے رک جاتے تھے۔ یہ اشارہ ہوتا تھا اس بات کا کہ صاحبو پھر سے مجھے بلاؤ، مجھ سے پھر ایک نظم سنو۔ کبھی ایسا نہیں ہوا کہ انہوں نے کسی مشاعرے میں یہ پوز دیا ہو اور لوگوں نے "ونس مور" کا شور بلند نہ کیا ہو۔

مجھے یقین ہے کہ زندگی کی محفل سے جانے سے پہلے سلیمان خطیب نے ضرور یہ "پوز" دیا ہوگا۔ مگر یارو تم سے یہ غلطی کیسے ہوگئی کہ سلیمان خطیب کو واپس نہیں بلایا۔ سارا قصور تمہارا ہے۔ تمہاری ذرا سی غفلت کے باعث دکنی زبان کا یہ البیلا اور خوددار شاعر اپنے ساتھ قہقہوں کی گٹھری باندھ کر اجنبی دیس کی دھرتیوں میں اتر گیا ہے۔ اب تم اس کی آواز کیلئے ترستے رہ جاؤ گے۔ اب کبھی واپس نہیں آئے گا۔

***

۷

خواجہ عبدالغفور

پندرہ سولہ سال اُدھر کی بات ہے، میں کالج کی چھٹیاں گزارنے کیلئے ہر سال موسم گرما میں اپنے آبائی وطن عثمان آباد جایا کرتا تھا۔ عثمان آباد ایک چھوٹا اور خاموش سا شہر ہے۔ چھوٹی چھوٹی پہاڑیوں میں گھرا ہوا۔ اس شہر میں پہنچتے ہی یوں محسوس ہوتا ہے جیسے زندگی کے سارے ہنگامے ختم ہوگئے ہیں۔ اب آگے صرف خاموشی ہی خاموشی ہے، سکون ہی سکون۔ نہ شور وغل نہ شور شرابہ۔ سارا دن رشتہ داروں کے ساتھ گزرتا۔ شام ہوتے ہی میں یا تو پہاڑیوں پر تفریح کیلئے نکل جاتا یا پھر اس لمبی سڑک پر چہل قدمی کیلئے نکل جاتا جو اس شہر کی واحد سڑک ہے۔ یہ سڑک مجھے بہت پسند تھی اور آج بھی ہے کیونکہ جب بھی مجھے اپنے ماضی کی طرف لوٹنا پڑتا ہے تو یہی سڑک مجھے اپنے بچپن کی طرف لے جاتی ہے۔ اپنے بچپن تک پہنچنے کیلئے اس سڑک کے سوا کوئی اور راستہ نہیں ہے۔ اس لمبی سڑک سے ایک گہری وابستگی کا احساس مجھے ہوتا تھا، یوں محسوس ہوتا تھا جیسے اس شہر میں اس اکلوتی

سڑک کے سوائے کچھ بھی نہیں ہے۔ اندھیری راتوں میں کبھی کبھی میں یہ سوچ کر خوف زدہ ہو جاتا کہ اگر چور رات کے اندھیرے میں اس سڑک کو چُرا کر کہیں لے گئے تو میں اس شہر سے باہر نہ نکل سکوں گا۔ ہر شام جب میں اس غیر مصروف سڑک پر چہل قدمی کیلئے نکلتا تو یوں محسوس ہوتا جیسے میں اس واحد سڑک کا واحد مالک ہوں۔ کوئی مجھے اس سڑک سے بے دخل نہیں کر سکتا۔

اسی سڑک پر ایک شام میں چہل قدمی کیلئے نکلا تو راستہ میں ایک پرانا ساتھی مل گیا۔ ہم دونوں ایک بڑی کوٹھی کے سامنے کھڑے باتیں کر رہے تھے اور ہم سے کچھ فاصلہ پر اس کوٹھی کا سنتری کھڑا پہرہ دینے کی کوشش میں مسلسل اونگھ رہا تھا۔ پھر نہ جانے اچانک کیا ہوا کہ سنتری آن کی آن میں چوکس اور الرٹ ہو گیا، جیسے کسی نے بٹن دبا کر اس کے بدن میں برقی رو دوڑا دی ہو۔ ابھی میں سنتری کی اچانک تبدیلی کا مطالعہ کر ہی رہا تھا کہ اس نے بڑی بلند آواز کے ساتھ ہمیں سڑک پر سے ہٹ جانے کو کہا۔ جیسا کہ میں کہہ چکا ہوں، میں اپنے آپ کو اس سڑک کا بلا شرکت غیرے مالک سمجھا کرتا تھا۔ سنتری کے اس حکم کو سن کر میرے بدن میں بھی برقی رو دوڑ گئی۔ یوں بھی سولہ سترہ سال کی عمر میں آدمی کے بدن میں بجلی زیادہ ہوتی ہے، خون کم۔ میں نے تنک کر کہا "تم کون ہوتے ہو ہمیں سڑک پر سے ہٹانے والے؟"

اس نے کہا۔ "زیادہ بکواس نہ کرو، کلکٹر صاحب باہر آ رہے ہیں"۔

میں نے کہا "کلکٹر ہوں گے تو اپنے گھر کے ہوں گے۔ سڑک پر کیسی کلکٹری۔ آنے دو کلکٹر صاحب کو اتنی بڑی سڑک ہے کہ اس پر سے سارے ہندوستان کے کلکٹر بیک وقت گزر سکتے ہیں۔ پھر کلکٹر تو آدمی ہی ہوتا ہے۔ کوئی ہاتھی تو نہیں ہوتا کہ اس کیلئے ساری سڑک کا تخلیہ کر دیا جائے"۔

ابھی میں اپنی نوجوانی کے جوش کا عملی مظاہرہ کر ہی رہا تھا کہ اچانک ایک موٹر کوٹھی کے اندر سے بر آمد ہوئی۔ اس موٹر میں پچھلی سیٹ پر ایک کلکٹر بیٹھا تھا۔ بالکل ایک بُت کی طرح خدوخال کسی یونانی مجسمہ کی مانند، گورا رنگ، لمبی اونچی ناک جو اس وقت مجھے ناک کم اور خطرناک زیادہ نظر آئی تھی۔ بڑی بڑی آنکھیں اور بھرے بھرے گال۔ گلا نکٹائی میں یوں پھنسا تھا جیسے یہ نکٹائی خود انہوں نے نہ باندھی ہو بلکہ کسی دشمن نے باندھی ہو۔ جب کلکٹر کا یونانی مجسمہ موٹر میں بیٹھ کر روانہ ہو گیا تو میں نے کوٹھی کے پھاٹک پر نظر ڈالی۔ وہاں لکھا تھا "خواجہ عبدالغفور آئی اے ایس"۔

یہ تھی خواجہ عبدالغفور صاحب سے میری پہلی ملاقات جسے نہ جانے کیوں میں آخری ملاقات بنانے پر تُلا بیٹھا تھا۔ اس دن کے بعد سے مجھے کلکٹروں، لمبی سڑکوں، یونانی مجسموں اور عبدالغفوروں سے چڑ سی ہو گئی۔ جب بھی میں عثمان آباد کی اس لمبی سڑک پر چہل قدمی کیلئے نکلتا تو یہ خدشہ لگا رہتا کہ کہیں سڑک پر اچانک کوئی کلکٹر نہ نکل آئے۔ بھلا موت اور کلکٹر پوچھ کر تھوڑی آتے ہیں۔ پھر کئی برس بیت گئے،

وہ لمبی سڑک میرے حافظہ میں اور بھی لمبی ہو گئی البتہ کلکٹر کا خوف کچھ کم ہو گیا۔ چار پانچ برس پہلے ایک دن مجھے یہ اطلاع ملی کہ بمبئی کے لیبر کمشنر خواجہ عبدالغفور صاحب مجھ سے ملنا چاہتے ہیں اور اس وقت "سیاست" کے دفتر میں موجود ہیں۔ مجھے کیا پتہ تھا کہ یہ وہی خواجہ عبدالغفور ہیں جن کی خاطر کئی برس پہلے مجھے سڑک کا تخلیہ کرنا پڑا تھا۔ میں خالی الذہن حالت میں "سیاست" کے دفتر پر پہنچا تو دیکھا کہ وہی "یونانی مجسمہ" ایک کرسی پر رکھا ہوا ہے۔ یہ اور بات ہے کہ اس مجسمہ کے بال اب ذرا سفید ہو گئے تھے اور اس مجسمہ کا پلاسٹر بھی کہیں کہیں اُتر گیا تھا۔ میں نے اِدھر اُدھر دیکھا کہ کہیں اس مجسمہ کے ساتھ کوئی سنتری نہ ہو۔ جب دور دور تک سنتری نظر نہ آیا تو میری جان میں جان آئی۔ یونانی مجسمہ سے جب میرا تعارف کرایا گیا تو یونانی مجسمہ نے بڑی گرمجوشی سے مصافحہ کیا، پھر مجھے بتایا گیا کہ غفور صاحب ان دنوں لطیفوں کی ایک کتاب مرتب کر رہے ہیں۔

میں نے دل ہی دل میں کہا۔ "بھئی، کمال ہے۔ اب تو یونانی مجسمے بھی لطیفے کہنے لگے ہیں، یہ قیامت کے آثار نہیں تو اور کیا ہیں؟"۔ تھوڑی سی رسمی بات چیت کے بعد غفور صاحب نے مجھے دوسرے دن اپنے پاس آنے کی دعوت دی اور چلے گئے۔ میں سارا دن سوچتا رہا کہ ایک آئی اے ایس عہدیدار کا لطیفوں سے کیا تعلق ہو سکتا ہے۔ یہ ٹھیک ہے کہ ہمارے ملک کی دفتریت قدم قدم پر لطیفوں کو جنم دیتی ہے۔ بہت سے ملازمین کو اُن کی وفات کے بعد ملازمت سے معطل کرتی ہے اور بہت سے

ملازمین کو جیتے جی مار دیتی ہے۔ اتنے سارے دفتری مذاق کے باوجود میں نے آئی اے ایس عہدیداروں کو بے حد سنجیدہ پایا ہے۔ کسی دانا کا قول ہے کہ فرشتے اور آئی اے ایس عہدیدار کبھی نہیں ہنستے۔ چنانچہ میں نے بہت کم آئی اے ایس عہدیداروں کو ہنستے ہوئے دیکھا ہے۔ اس معاملے میں ایک صاحب کا تو یہاں تک کہنا ہے کہ جس طرح گھوڑے کو بیٹھی ہوئی حالت میں دیکھنا نحوست کا باعث ہوتا ہے، اسی طرح کسی آئی اے ایس عہدیدار کے ہونٹوں پر مسکراہٹ کو دیکھنا بھی کچھ کم نحوست کا سبب نہیں ہوسکتا۔ میں مسلسل اس نکتہ پر غور کرتا رہا کہ خواجہ عبدالغفور صاحب آخر کس طرح لطیفے کہتے ہوں گے اور اُن پر کس طرح ہنستے ہوں گے۔ میں نے سوچا کہ وہ لوگوں کو اپنے لطیفوں سے کہیں زیادہ اپنی کمشنری کے بل بوتے پر ہنساتے ہوں گے۔ حکم دیا کہ ہنسو اور لوگ ہنسنے لگے۔

مجھے وہ لطیفہ بھی یاد آیا کہ کوریا کی جنگ کے زمانے میں ایک امریکی جنرل کوریا کے سپاہیوں کے سامنے تقریر کر رہا تھا اور ایک مترجم اس کی انگریزی تقریر کا کوریائی زبان میں ترجمہ کر رہا تھا۔ ایک مرحلہ پر امریکی جنرل نے اپنی تقریر میں ایک نہایت طویل لطیفہ سنایا اور اس کے بعد مترجم نے اس طویل لطیفہ کے ترجمہ کے سلسلہ میں صرف ایک جملہ کہا اور سارے کوریائی سپاہی پیٹ پکڑ پکڑ کر ہنسنے لگے۔ امریکی جنرل بہت حیران ہوا کہ اس کے اتنے طویل لطیفہ کا ترجمہ صرف ایک جملہ میں کس طرح ادا ہو گیا۔ سو اس نے مترجم سے پوچھا "بھئی تم نے ایک جملہ میں

اتنے بڑے لطیفہ کا ترجمہ کیسے کر دیا؟" اس پر مترجم بولا "حضور میں نے لطیفہ کا ترجمہ نہیں کیا ہے بلکہ میں نے سپاہیوں سے یہ کہا ہے کہ ابھی ابھی جنرل صاحب نے ایک لطیفہ سنایا ہے لہذا تم لوگ زور زور سے ہنسنے لگ جاؤ"۔

عہدیداری چیز ہی ایسی ہوتی ہے کہ آدمی کو خوف کے مارے ہنسنا ہی پڑتا ہے۔ غرض میں کچھ ایسے ہی خیالات لے کر دوسرے دن غفور صاحب کے پاس پہنچا۔ میں یہ سوچ کر گیا تھا کہ آج مجھے مصنوعی طور پر اتنا ہنسنا پڑے گا کہ شاید میں اصلی ہنسی کو اگلے کئی دنوں تک بھول جاؤں گا، مگر غفور صاحب نے جاتے ہی مجھے ایک ایسا لطیفہ سنایا جس نے ماحول کے سارے مصنوعی پن کو ختم کر دیا۔ انہوں نے کہا "ایک آئی اے ایس عہدیدار کو اپنے ماتحتین کو لطیفے سنانے کا بڑا شوق تھا۔ وہ ہر روز شام کے وقت اپنے ماتحتین کو طلب کرتے اور لطیفے سنانے لگتے۔ ماتحتین ان لطیفوں پر جی کھول کر ہنستے۔ ایک شام وہ حسبِ معمول اپنے ماتحتین کو لطیفے سنا رہے تھے، سب ہنس رہے تھے، مگر ایک ملازم بالکل خاموش تھا۔ اس نے کسی لطیفہ پر بھی ہنسنے کی زحمت گوارا نہیں کی۔ محفل برخواست ہوئی تو اس ملازم کے دوسرے ساتھیوں نے پوچھا "بھئی آخر تم نے صاحب کے ایک بھی لطیفہ پر ہنسنے کی کوشش نہیں کی۔ آخر بات کیا ہے؟" اس پر ملازم نے کہا۔ "بھئی اب مجھے ہنسنے کی کیا ضرورت ہے، میں تو کل سے وظیفہ پر علحدہ ہو رہا ہوں، تم لوگ ابھی برسرِ خدمت ہو لہذا تم پر ہنسنا فرض ہے، ورنہ صاحب تمہارا Explanation طلب کرلیں گے"۔

غفور صاحب نے یہ لطیفہ کچھ اس روانی سے سنایا کہ تکلف کی ساری فضا تہس نہس ہو گئی۔ یوں لگا جیسے غفور صاحب کا "کلکٹری والا یونانی مجسمہ" اچانک پیڈسٹل سے نیچے اُتر آیا ہو اور ایک جیتے جاگتے گوشت پوست والے آدمی کے روپ میں مجھ سے ہمکلام ہو۔ کئی سال سے یہ مجسمہ میرے ذہن میں جاوید و ساکت کھڑا تھا۔ جب اس مجسمہ کا پتھر پگھلنے لگا تو میں جی ہی جی میں خوش ہونے لگا۔ مجھے یوں محسوس ہوا جیسے میرے آبائی وطن کی سڑک پر پھر سے میرے مالکانہ حقوق بحال ہو گئے ہوں۔

غفور صاحب کا یہ روپ مجھے بہت پسند آیا اور اس کے بعد سے آج تک میں نے ان کے اسی روپ سے اپنے تعلق کو بر قرار رکھا ہے۔ اس دن انہوں نے بے شمار لطیفے سنائے، ہر موضوع اور ہر مسئلہ پر، وہ سچ مچ لطیفوں کے سوداگر ہیں۔ آپ کو جتنے لطیفے چاہئیں ان سے لے لیجئے۔ عمدہ لطیفے، اعلیٰ قسم کے لطیفے، پائیدار لطیفے، کسی موضوع یا مسئلے پر اگر وہ لطیفے سنانا شروع کر دیں تو مسئلہ تو ختم ہو جائے گا لیکن غفور صاحب کے لطیفے ختم نہیں ہوں گے بلکہ بعد کو ان کے لطیفے خود ایک مسئلہ بن جائیں گے۔ بات میں سے بات یوں پیدا کریں گے جیسے ہم ہندوستانی بڑی صفائی سے بچے پیدا کر لیتے ہیں۔ ایک کے بعد دوسرا اور دوسرے کے بعد تیسرا۔ میں ان سے حیدرآباد میں متعارف ہوا تھا، چند دنوں بعد انہوں نے مجھے بمبئی آنے کی دعوت دی۔ سر سنگار سمسد کے قہقہہ پروگرام میں شرکت کرنے کیلئے۔

بمبئی میں غفور صاحب کو دیکھ کر میں یہ سوچنے پر مجبور ہو گیا کہ بیماریوں کے

معاملہ میں "زندہ طلسمات" کو جو اہمیت حاصل ہے وہی اہمیت بمبئی کی تہذیبی زندگی میں غفور صاحب کو حاصل ہے۔ آپ کو کوئی بھی تہذیبی عارضہ لاحق ہو جائے تو آپ سیدھے غفور صاحب کے پاس چلے جایئے۔ بمبئی کا ہر تہذیبی مسئلہ غفور صاحب سے شروع ہوتا ہے اور ان ہی پر ختم بھی ہو جاتا ہے۔ سردار جعفری نے غفور صاحب کے بارے میں کہیں لکھا ہے کہ "بمبئی کی تہذیبی زندگی غفور صاحب کے بغیر نامکمل رہتی ہے"۔ اس جملہ میں یہ اضافہ کرنا چاہتا ہوں کہ "مگر بمبئی کی تہذیبی زندگی کے بغیر غفور صاحب کافی مکمل رہتے ہیں"۔ غرض جس کسی شخص کے ذہن میں بمبئی کی تہذیبی زندگی کو خوشگوار بنانے کا سودا سماتا ہے، وہ سیدھے غفور صاحب کے پاس چلا جاتا ہے۔

اگر آپ کو کسی ادیب کی سالگرہ منانی ہو تو غفور صاحب کے پاس چلے جایئے۔ کسی فنکار کی برسی منانا چاہتے ہوں تو غفور صاحب کو پکڑیئے۔ کسی کا تعزیتی جلسہ منعقد کرنا ہو تو غفور صاحب موجود ہیں۔ موسیقی کی محفل آراستہ کرنا ہو تو غفور صاحب سے رجوع کیجئے۔ حد تو یہ کہ قوالی کی محفلیں بھی غفور صاحب کی زد میں آجاتی ہیں۔ یہ کرنا ہو تو غفور صاحب۔ وہ کرنا ہو تو غفور صاحب۔ کہیں یہ ہو رہا ہو تو غفور صاحب، کہیں وہ ہو رہا ہو تو غفور صاحب۔

یہ بات میں اس لئے کہہ رہا ہوں کہ غفور صاحب کو صرف لطیفوں سے ہی نہیں بلکہ سارے فنونِ لطیفہ سے دلچسپی ہے۔ موسیقی سے انہیں بے پناہ لگاؤ ہے۔

ایک بار میں نے ان کے مکان پر بمبئی کے ایک مشہور فلمی میوزک ڈائرکٹر کو ان سے موسیقی کے مسئلہ پر تبادلہ خیال کرتے دیکھا تھا۔ مجھے یہ گمان ہوتا ہے کہ کہیں غفور صاحب "پلے بیک میوزک ڈائریکشن" بھی نہ دیتے ہوں اور ہمیں اب تک اس کی خبر نہ ہو سکی ہو۔ ان کا گھر بمبئی کے فلم اسٹاروں، فنکاروں، مصوّروں، ادیبوں، شاعروں، دانشوروں اور صحافیوں کا مرکز ہے۔ وہ ہر شخص سے اُس کے پسندیدہ موضوع پر بات کرنے میں بڑی مہارت رکھتے ہیں۔ صحافی سے بات کریں گے تو صحافی بن جائیں گے۔ مصور سے بات کریں گے تو مصور بن جائیں گے۔ صرف ایک ہی معاملہ میں میں نے انہیں بے بس پایا ہے یعنی جب وہ اپنی بیوی سے بات کرتے ہیں تو خود بیوی نہیں بن سکتے۔ کیا کریں یہ تو قدرت کی مجبوری ہے۔ اگر ان کا بس چلتا تو وہ یہ بھی بن جاتے۔ اتنی تیزی سے مختلف سانچوں میں ڈھلنے والی شخصیتیں میں نے بہت کم دیکھی ہیں۔

غفور صاحب کی خوبی یہ ہے کہ وہ جس کام میں منہمک ہو جاتے ہیں اسے پورا کر کے رہتے ہیں۔ پھر کسی رکاوٹ یا مجبوری کا خیال نہیں کرتے۔ مجھے ایک واقعہ یاد آرہا ہے جس کا تعلق سردی سے اُن کی "الرجی" سے ہے۔ الرجی بڑی عجیب وغریب اور لطیف شئے ہوتی ہے۔ ہر شخص کو کسی نہ کسی شئے سے الرجی ہو جاتی ہے۔ مثلاً امیر آدمی کو غریب سے الرجی ہوتی ہے۔ تاجر کو انکم ٹیکس کے عہدیداروں سے الرجی ہوتی ہے۔ سوتنتر پارٹی کو سوشلزم سے الرجی ہو جاتی ہے۔ امریکہ کو ویتنام سے

الرجی ہوتی ہے۔ ماوزے تنگ کو روس سے اور اسرائیل کو عربوں سے الرجی ہو جاتی ہے۔ غفور صاحب چونکہ کوئی سیاسی شخصیت نہیں ہیں اس لئے انہیں صرف سردی سے الرجی ہو جاتی ہے۔ جیسے ہی کوئی سرد شئے غلطی سے ان کے بدن میں پہنچ جاتی ہے، سیکنڈوں میں ان پر کھانسی کا شدید دورہ پڑتا ہے۔ پھر کھانسی بھی ایسی شدید کہ سانس لینا بھی دوبھر ہو جائے اور دیکھنے والا خوف زدہ ہو جائے۔ ایک دن وہ اپنے مکان میں بیٹھے حسب معمول نئے نئے لطیفے سنا رہے تھے کہ غلطی سے انہوں نے دوا کی ایسی گولی کھالی جس سے انہیں الرجی ہو جاتی ہے۔ انہوں نے آدھا لطیفہ ہی سنایا تھا کہ کھانسی کا شدید دورہ پڑا۔ لطیفہ جوں کا توں رہ گیا اور ہم سب لوگ پریشان ہو گئے۔ اب غفور صاحب نہ سانس لے سکتے ہیں، نہ بات کر سکتے ہیں اور نہ ہی چین سے بیٹھ سکتے ہیں۔ اُن کی اس حالت کو دیکھ کر میں بھی سانس لینا کم و بیش بھول گیا۔ فوراً ڈاکٹر کو بلایا گیا اور جیسے ہی اس نے اینٹی الرجی انجکشن دیا۔ وہ اچانک نارمل حالت پر آ گئے۔ میں اس وقت تک اس ادھورے لطیفے کو بھول گیا تھا۔ بھلا ایسی حالت میں کس کی شامت آئی ہے کہ وہ لطیفہ کے بارے میں سوچے لیکن جیسے ہی غفور صاحب کا نظام تنفس بحال ہوا اور وہ بات کرنے کے قابل ہوئے تو انہوں نے اپنی تکلیف یا الرجی کے بارے میں کوئی رسمی اظہار خیال کئے بغیر اچانک وہ ادھورا لطیفہ سنانا شروع کر دیا کہ "ہاں بھئی، تو ہمارا لطیفہ کہاں تک پہنچا تھا تو پھر آگے یوں ہوا کہ ۔۔۔" اور پھر انہوں نے بڑے اطمینان سے نہ صرف لطیفہ کو مکمل کیا بلکہ لطیفہ سے

متعلق ضروری ہنسی بھی ہنس دی۔

غفور صاحب کا حلقہ احباب بے حد وسیع ہے۔ حیرت ہوتی ہے کہ آخر وہ انواع واقسام کے دوستوں سے کس طرح نباہ کر لیتے ہیں۔ تاجر، ادیب، فنکار موسیقار، سرمایہ دار، سیاستداں، مزدور، فلمی اداکار غرض ہر قماش کا آدمی اُن کا دوست ہو گا اور آپ اُن کی شخصیت کی لچکداری کے بارے میں سوچ سوچ کر حیران رہ جائیں گے۔ اردو طنز و مزاح سے انہیں خصوصی دلچسپی ہے۔ انہوں نے ہر سطح پر اس صنفِ ادب کی ترقی میں نمایاں حصہ لیا ہے۔ "قہقہہ زار" کے بعد "شگوفہ زار" "لالہ زار" اور "گل وگلزار" کی اشاعت کے ذریعہ انہوں نے اردو طنز و مزاح کو بہت کچھ دیا ہے۔ کنہیالال کپور نے ایک بار ایک محفل میں "شگوفہ زار" کے بارے میں فرمایا تھا۔ "یہ کتاب اردو طنز و مزاح کی ایک ڈائرکٹری ہے اور اسے ہر مزاح نگار کو پڑھنا چاہئے"۔

غفور صاحب ادبی محفلوں میں لطیفے بھی سناتے ہیں۔ لطیفہ سنانے کا ڈھنگ انہیں خوب آتا ہے۔ وہ لطیفہ کو آدمی کے اوپر اچانک مسلط نہیں کرتے بلکہ دھیمے دھیمے لطیفے کی لطافت کو سننے والے کے اندر اُتار دیتے ہیں۔ یہی ادا ان کے مزاحیہ مضامین کی بھی ہے۔ ان کے مزاحیہ مضامین پڑھئے تو احساس ہو گا کہ آپ بیک وقت شرافت اور ظرافت دونوں سے لطف اندوز ہو رہے ہیں۔ غفور صاحب جیسی شخصیتیں ہماری ادبی و تہذیبی زندگی کا اثاثہ ہوتی ہیں اور ایسی شخصیتوں کو دیکھ کر ہی

ہمیں یک گونہ اطمینان ہوتا ہے کہ ابھی ہمارے ملک میں شریف اور نیک نفس انسانوں کی پیدائش ممنوع قرار نہیں دی گئی ہے۔ شریف آدمی اگر پیدا ہونا چاہیں تو وہ پیدا ہوسکتے ہیں اور اپنے کئے کی سزا پاسکتے ہیں۔

***

۸

ڈاکٹر راج بہادر گوڑ

ڈاکٹر راج بہادر گوڑ پچھتر برس کے ہوگئے۔ یہ بات آپ اور ہم تو اس لئے مان لیں گے کہ وہ ۱۹۱۸ء میں پیدا ہوئے تھے لیکن شاید خود ڈاکٹر گوڑ اس بات کو نہ مانیں کیونکہ ڈاکٹر راج بہادر گوڑ کسی بھی بات کو اتنی آسانی سے نہیں مانتے۔ مجھے اس وقت اپنے خاندان کے ایک بزرگ یاد آگئے جنھوں نے ساری زندگی ہنستے، کھیلتے، دھومیں مچاتے ہوئے گزار دی، نوّے سال کی عمر میں بھی ان کے ہونٹوں پر وہ مسکراہٹ کھلی رہتی تھی جو عموماً نو سال کے بچے کے ہونٹوں پر دکھائی دیتی ہے۔ سچی اور خالص مسکراہٹ۔ مگر جب وہ اکیانوے برس کے ہوگئے اور میں ان کی سال گرہ پر مبارکباد دینے گیا تو اُداس سے نظر آئے۔ اداسی کا سبب پوچھا تو کہنے لگے "میاں! زندگی کے اکیانوے برس تو چٹکی بجانے میں گزار دیئے لیکن اب احساس ہونے لگا ہے کہ مجھ میں مزید بوڑھا ہونے کی گنجائش نہیں رہ گئی ہے" اور آپ کی اطلاع کے لئے عرض ہے کہ اس جملہ کو ادا کرنے کے بعد بھی وہ مزید چار برس تک زندہ رہنے

کی گنجائش نکالتے رہے۔ اصل میں انسان کی عمر کیلنڈروں سے طئے نہیں ہوتی بلکہ اس کے اپنے احساس اور رویہ سے ہوتی ہے۔ ڈاکٹر راج بہادر گوڑ اپنے جذبہ اور احساس کی سطح پر عمر کی اس منزل سے گزر رہے ہیں جہاں ان میں مزید جوان بنے رہنے کی خاصی گنجائش موجود ہے۔ میرا اپنا حال بلکہ حالت یہ ہوگئی ہے کہ میں کبھی کبھی اپنے آپ کو ڈاکٹر راج بہادر گوڑ کا بزرگ سمجھ بیٹھتا ہوں۔ حالانکہ ڈاکٹر راج بہادر گوڑ ان لوگوں میں سے ہیں جنہیں میں نے غالباً اسوقت دیکھا تھا جب میں خود نو برس کا تھا۔ یہاں غالباً کا استعمال میں نے اس لئے کیا ہے کہ میں ان دنوں سابق ریاست حیدرآباد کے شہر گلبرگہ میں رہتا تھا اور اپنے بڑے بھائیوں سے ملنے کیلئے کبھی کبھار حیدرآباد آتا جاتا تھا۔ میرے بڑے بھائی حیدر گوڑہ کے ایک مکان میں رہتے تھے۔ ایک رات مجھے بُلا کر تاکید کی گئی کہ میں مکان کے اس کمرہ میں بالکل نہ جاؤں جو مکان کے پچھلے حصہ میں واقع تھا۔ وجہ یہ بتائی گئی کہ وہاں ایک مہمان آیا ہوا ہے اور اسے آرام کی سخت ضرورت ہے۔ پھر یہ بھی کہا گیا کہ اگر کوئی یہ پوچھے کہ گھر میں کوئی مہمان آیا ہوا ہے تو جواب میں یہ کہہ دوں کہ کوئی بھی نہیں آیا ہے۔ ایسے مہمان کو دیکھنے کی تمنا بھلا کس بچہ کے دل میں پیدا نہیں ہوگی۔ لہذا سخت تاکید کے باوجود میں نے چوری چھپے دروازے میں سے جھانک کر اس مہمان کو دیکھا۔ آرام تو خیر وہ کیا کرتا کچھ لکھنے پڑھنے میں ضرور مصروف تھا۔ اس نے ایک لمبا کوٹ پہن رکھا تھا۔ مونچھیں شاید تھیں جو پتہ نہیں اصلی تھیں یا نقلی۔ یہ غالباً

۱۹۴۵ء کی بات ہے۔ جب مخدوم محی الدین، راج بہادر گوڑ اور ان کے دیگر کمیونسٹ ساتھی تلنگانہ کی مسلح جدوجہد کے سلسلہ میں روپوشی کی زندگی گزار رہے تھے اور اپنے ٹھکانے بدل بدل کر اپنے آپ کو گرفتار ہونے سے بچا رہے تھے۔ میں نے اوپر جس مہمان کا ذکر کیا ہے وہ ہمارے گھر میں رہا تو صرف ایک ہی دن لیکن اس کے گھر سے چلے جانے کے پانچ چھ برس بعد کسی نے بتایا کہ اس دن جو مہمان ہمارے گھر میں رُکا تھا اس کا نام ڈاکٹر راج بہادر گوڑ تھا۔ جب مجھے اس کا پتہ چلا تو میں چودہ پندرہ برس کا ہو چکا تھا۔ اس وقت تک ڈاکٹر گوڑ جیل سے رہا ہو چکے تھے۔ میں اپنے دوستوں کو بڑے فخر کے ساتھ اس وقت بھی بتایا کرتا تھا اور آج بھی بتایا کرتا ہوں کہ ڈاکٹر گوڑ نے کبھی ہمارے گھر میں پناہ لی تھی۔ اگرچہ میں آج بھی پورے وثوق کے ساتھ نہیں کہہ سکتا کہ آج سے پچاس برس پہلے جس مہمان نے ہمارے گھر میں پناہ لی تھی کیا وہ سچ مچ ڈاکٹر راج بہادر گوڑ تھے۔ میں چاہتا تو پچھلے پچاس برسوں میں اپنے بڑے بھائیوں سے اس کے بارے میں پوچھ سکتا تھا بلکہ خود ڈاکٹر گوڑ سے اس کی توثیق حاصل کر سکتا تھا۔ مگر میں نے کبھی نہیں پوچھا اور آج بھی پوچھنا نہیں چاہوں گا۔ اس لئے کہ اگر خدانخواستہ جواب نفی میں ملے تو میری زندگی میں سے ان سے رابطہ کے عرصہ میں اچانک پانچ چھ برسوں کی کمی ہو جائے گی اور میں عمر کی اس منزل میں ہوں جہاں سینت سینت کر جمع کئے ہوئے لمحوں کو تفریق کے عمل سے گزارنا میرے لئے گھاٹے کا سودا ہوگا۔ فراق نے کچھ ایسی ہی ذہنی

کیفیت کے بارے میں کہا تھا۔

خود اپنے خیالوں کو ہمدم یہں ہاتھ لگاتے ڈرتا ہوں

قصہ دراصل یہ ہے کہ راج بہادر گوڑ میرے لئے افسانہ بھی ہیں اور حقیقت بھی۔ یہ معاملہ صرف میرا ہی نہیں ہر اس شخص کا ہے جس نے ملک کی آزادی سے پندرہ سولہ برس پہلے سابق ریاست حیدرآباد کے ماحول میں آنکھیں کھولی تھیں۔ شخصی حکمرانی کے اس دور میں جب اچھے اچھوں کے منہ بند رہتے تھے مخدوم محی الدین، روی نارائن ریڈی، ڈاکٹر راج بہادر گوڑ اور ان کے ساتھیوں نے تلنگانہ کے کسانوں اور مزدوروں کو ساتھ لے کر مسلح جدوجہد کا آغاز کیا تھا۔ اس تحریک نے اس وقت کے نوجوانوں میں ایک ہلچل سی پیدا کر دی تھی۔ مخدوم محی الدین کا ترانہ:

لو سرخ سویرا آتا ہے آزادی کا آزادی کا
گلنار ترانہ گاتا ہے آزادی کا آزادی کا

اس وقت کے نوجوانوں میں بے پناہ مقبول ہو چکا تھا۔ مجھے یاد ہے کہ جیل سے رہائی کے بعد مخدوم محی الدین کا جو جلوس نکلا تھا اس سے بڑا جلوس میں نے آج تک نہیں دیکھا بلکہ جوں جوں میری عمر میں اضافہ ہوتا جا رہا ہے، میرے حافظہ میں اس جلوس کی لمبائی بڑھتی ہی چلی جا رہی ہے۔

مخدوم اور ڈاکٹر گوڑ کے بارے میں طرح طرح کی کہانیاں مشہور تھیں اور یہ دونوں کسی افسانہ کے کردار لگتے تھے۔ ان لوگوں کی روپوشی کے بارے میں بھی

طرح طرح کے قصے مشہور تھے۔ جنہیں سن کر احساس ہوتا تھا کہ یہ اس دھرتی کے باسی نہیں ہیں۔ مثلاً مخدوم نے ایک بار اپنے ایک برہمن دوست کے گھر میں پناہ لی۔ ان کا برہمن دوست تھا تو کمیونسٹ پارٹی کا ہمدرد لیکن اس کے والدین رہن سہن اور کھانے پینے کے معاملہ میں بڑے کٹر واقع ہوئے تھے۔ مخدوم کے دوست نے مخدوم کو سمجھا رکھا تھا کہ اس کے والدین کو ہرگز یہ پتہ نہ چلنے پائے کہ وہ مسلمان ہیں۔ مخدوم اس پر سختی سے عمل بھی کرتے رہے۔ ایک دن کھانے کی میز پر ان کے دوست کے والد نے باتوں باتوں میں مخدوم سے کہا "تم لوگ کمیونسٹ پارٹی میں کام کرتے ہو۔ تم لوگوں کے دین وایمان کا کیا بھروسہ۔ کہیں تم لوگ گوشت وغیرہ تو نہیں کھاتے؟"۔ اتنا سنتے ہی مخدوم نے منہ میں جاتے ہوئے نوالے کو روکا اور کہا "نعوذ باللہ، لاحول ولا قوۃ! چھی چھی۔ یہ آپ سے کس نے کہہ دیا کہ ہم گوشت کھاتے ہیں۔"

ڈاکٹر گوڑ بھی کئی نام اور کئی بھیس بدل کر روپوش رہے۔ آج یہاں کل وہاں۔ یہ بھی غالباً ۱۹۴۵ء کی بات ہے کہ راج بہادر گوڑ ایسی ہی کسی "نعوذ باللہ" والی بات پر دھر لئے گئے۔ یہ اور بات ہے کہ جیل میں پہنچ کر انہوں نے کسی بیماری کا بہانہ کیا۔ (میڈیسن کے ڈاکٹر ہونے کا اتنا فائدہ تو وہ اٹھانا جانتے ہی تھے)۔ پھر یہ اکیلے بیمار نہیں پڑے بلکہ اپنے ایک ساتھی کامریڈ جواد رضوی کو بھی ساتھ لے کر بیمار پڑے (حیات لے کے چلو کائنات لے کے چلو اسی کو تو کہتے ہیں) نتیجہ میں دونوں قیدی

علاج کیلئے عثمانیہ اسپتال لائے گئے۔ اپنا علاج کرنا وہ خود تو جانتے ہی تھے۔ لہذا دونوں کچھ ایسی خوش اسلوبی کے ساتھ اسپتال سے فرار ہوگئے کہ ان کے فرار ہونے کے ڈرامہ کا ذکر کئی دنوں تک حیدرآباد کے گلی کوچوں میں ہوتا رہا۔ ہماری فلموں میں بھی قیدی اس طرح فرار نہیں ہوتے جیسے یہ دونوں فرار ہوئے تھے۔ میری نسل کے لوگوں کے ذہنوں میں مخدوم اور راج بہادر گوڑ ایک عرصہ تک افسانوی کردار کی طرح ہی رہے۔ ۱۹۵۲ء میں جب یہ رہا ہوئے اور جب پہلی بار انہیں اصلی روپ میں دیکھا تو یقین نہیں آتا تھا کہ کیا یہی وہ راج بہادر گوڑ ہیں جن کے قصے الف لیلیٰ کی داستانوں کی طرح مشہور ہیں۔ کبھی کبھی تو مجھے یوں محسوس ہوتا ہے جیسے اصلی راج بہادر گوڑ تو وہی تھے۔ ۱۹۵۲ء کے بعد سے ہم جس ڈاکٹر گوڑ کو دیکھ رہے ہیں، وہ اصل میں ایک بھیس بدلی ہوئی شخصیت ہیں۔

معزز حضرات! آج کی محفل میں ہم جن بزرگ کی پچھترویں سالگرہ منا رہے ہیں۔ ذرا آپ ان کے ہاتھوں کی طرف غور سے دیکھیں اور بتائیں کہ کیا کبھی ان ہاتھوں نے ہتھیار اٹھائے ہوں گے۔ ان کے قریبی جاننے والے کہتے ہیں کہ ان ہاتھوں نے ضرور ہتھیار اٹھائے تھے۔ پتہ نہیں کیوں اٹھائے تھے۔ میرے پاس ایک نہایت بوسیدہ اور پرانی گھڑی تھی۔ ایک بار وہ ہاتھ سے چھوٹ کر زمین پر گر گئی۔ میں اسے ٹھیک کرانے کیلئے گھڑی ساز کے پاس گیا۔ گھڑی ساز نے پہلے تو اسے حقارت سے دیکھا اور پوچھا "کیا ہوا ہے اسے ؟" میں نے کہا "یہ ہاتھ سے چھوٹ کر

زمین پر گر گئی تھی"۔ گھڑی ساز نے کہا "جب یہ زمین پر گر گئی تھی تو آپ نے اسے اُٹھایا ہی کیوں؟ وہیں پڑی رہنے دیتے"۔ ایسی ہی بات ڈاکٹر گوڑ کے بارے میں ذہن میں آتی ہے کہ جب آپ کو ہتھیار ڈالنے ہی تھے تو انہیں ان ہاتھوں سے اٹھانے کی زحمت ہی کیوں کی تھی۔ پھر ذرا سوچنے کہ کیا ان ہاتھوں نے کبھی کسی پر گولی چلائی ہوگی اور اگر چلائی بھی ہوگی تو کیا گولی نشانہ پر لگی ہوگی۔ آج ان ہاتھوں کو دیکھ کر ان کہانیوں پر یقین کرنے کو جی نہیں چاہتا جو ان ہاتھوں سے منسوب رہی ہیں اور یہ بھی ایک اتفاق ہے کہ بارہ برس پہلے جب مجھے جاپان جانے کا موقع ملا تو ڈاکٹر گوڑ کے تعلق سے میری غلط فہمیوں کا ازالہ ہوگیا۔ جاپانیوں کے ہاتھ بہت خوبصورت ہوتے ہیں۔ میں ان کے ہاتھوں کو دیکھتا جاتا تھا اور گھنٹوں حیرت میں مبتلا رہتا تھا کہ کیا سچ مچ ان ہاتھوں نے دوسری جنگ عظیم میں گولیاں چلائی تھیں اور بم پھینکے تھے۔ اصل میں تاریخ مختلف ادوار میں ہاتھوں سے مختلف کام لیتی ہے اور ان کے کاموں کی نوعیت کو تبدیل کرتی رہتی ہے۔ چنانچہ تاریخ نے ڈاکٹر گوڑ کے ہاتھوں سے اب ہتھیار چھین لئے ہیں اور ان میں ایک قلم تھما دیا ہے تاکہ وہ اسے چلاتے رہیں۔ اس سے پہلے قدرت ان کے ہاتھوں میں اسٹیتھسکوپ تھمانا چاہتی تھی جسے پھینک کر انہوں نے ہتھیار اٹھالئے تھے۔

مجھے اس وقت اپنے ایک دوست کی یاد آرہی ہے جو نہایت کم عمری میں کمیونسٹ پارٹی سے وابستہ ہوگئے تھے۔ ان کے ذمہ کام یہ تھا کہ راج بہادر گوڑ اور

ان کے ساتھیوں کو ہتھیار فراہم کرتے رہیں۔ ایک بار یہ اسلحہ لے جاتے ہوئے رنگے ہاتھوں پکڑے گئے۔ بعد میں پولیس نے ایسی کڑی تفتیش کی کہ بیچارے کی ریڑھ کی ہڈی ٹوٹ گئی۔ اس واقعہ کے کئی برس بعد انہیں علاج کے لئے سوویت یونین روانہ کیا گیا جہاں ان کی ریڑھ کی ہڈی کی مرمت کی گئی۔ وہ علاج سے مطمئن ہو کر خوش خوش واپس تو ہو گئے لیکن چند ہی برسوں میں خود سوویت یونین کی ریڑھ کی ہڈی ٹوٹ گئی۔ ان پچھتر برسوں میں نہ جانے کتنوں کی ریڑھ کی ہڈیاں ٹوٹیں لیکن ہمارے ڈاکٹر راج بہادر گوڑ کی ریڑھ کی ہڈی اب بھی صحیح و سالم ہے۔ ورنہ ہمارے کتنے محبوب تھے جن کا حشر نہ جانے کیا ہو گیا۔ ایک شعر یاد آ گیا۔

زمانہ کس قدر پامال کر دیتا ہے انساں کو
ہمارے دور کے محبوب پہچانے نہیں جاتے

اصل میں ڈاکٹر راج بہادر گوڑ نے لمحہ موجود میں پوری شدت کے ساتھ جینے کا ہنر سیکھ لیا ہے۔ ہم جیسے تو ابھی سے ساحل پر بیٹھ کر زندگی کے منجدھار کا تماشہ دیکھنے لگے ہیں لیکن راج بہادر گوڑ ہیں کہ اب بھی اس منجدھار میں بہتے چلے جا رہے ہیں۔ انہیں دیکھتے ہوئے پورے پچاس برس بیت گئے۔ پچاس برس پہلے ان میں جو چیز دیکھی تھی وہ آج بھی ان کی ذات میں موجود و محفوظ ہے اور اس شئے کو سیماب صفتی کہتے ہیں۔ وہ اپنی زندگی کے ایک لمحہ کو بھی ضائع نہیں ہونے دیتے۔ نتیجہ میں اُن کے مزاج میں بلا کی تیزی، چستی اور پھرتی نظر آتی ہے۔ جلد بازی اور عجلت ان

کی شخصیت کی نمایاں خصوصیت ہے۔ مجھے یاد ہے پچھلے سال کے اواخر میں ایک دن صبح صبح چھ بجے میرے گھر کے آس پاس اچانک کسی کے پکارنے کی آوازیں آنے لگیں، میں نیند سے ہڑبڑا کر اٹھ بیٹھا تو محسوس ہوا کہ کوئی بڑی تیزی کے ساتھ میرے فلیٹ تک آنے کیلئے سیڑھیاں چڑھ رہا ہے۔ میرا مکان چوتھی منزل پر تھا۔ سیڑھیاں چڑھنے کی رفتار اور میرا نام پکارنے کی تکرار سے یوں لگتا تھا جیسے کوئی بھونچال سا آنے والا ہو۔ میں نے گھبرا کر دروازہ کھولا تو دیکھا کہ ڈاکٹر راج بہادر گوڑ اپنی کزن سسٹر اودیش رانی کے ساتھ کھڑے ہیں۔ بولے "ابے مسخرے اتنی دیر تک سوتا ہے"۔

یہ سن کر ایک زوردار قہقہہ لگایا۔ میں نے دیکھا کہ ان کی پیشانی پر ایک ہلکی سی چوٹ تھی جسے وہ بار بار سہلا رہے تھے۔ میں نے پوچھا "یہ کیا ہو گیا؟" بولے "تمہارے گھر کے زینے کو تیزی سے طئے کرنے کی کوشش میں میری پیشانی ریلنگ سے ٹکرا گئی اور کچھ نہیں"۔

میں نے کہا "آپ کو اتنی عجلت سے سیڑھیاں چڑھنے کی کیا ضرورت تھی؟" بولے "ایک ضروری کام سے آیا ہوں۔ اودیش رانی نے بالآخر شادی کرنے کا فیصلہ کر لیا ہے۔ چنانچہ آج سے پانچ دن بعد اُن کے دولہا میاں آنے والے ہیں اور چھٹے دن ہر حالت میں ان کی شادی ہو جانی چاہئے۔ میں اپنی مصروفیات کی وجہ سے شادی میں شرکت نہ کر سکوں گا۔ لہذا "کورٹ میرج" کے سارے امور تمہیں کو

انجام دینے ہوں گے۔ کنیادان بھی تمہیں کو کرنا ہو گا"۔ میں نے کہا" گوڑ بھائی ! یہ توسب ہو جائے گا، مگر آپ کو سیڑھیاں چڑھنے میں اتنی جلد بازی کا مظاہرہ کرنے کی کیا ضرورت تھی۔ یوں بھی اودیش رانی کی عمر اب پچاس برس کی ہو گئی ہے۔ جہاں اتنی تاخیر ہوئی ہے وہاں پانچ دس منٹ کی اور تاخیر ہو جاتی تو کیا فرق پڑتا"۔

ہنس کر بولے "پیارے ! پچاس برس کی عمر ہو گئی ہے اسی لئے تو عجلت نہایت ضروری تھی ورنہ تیس بتیس برس کی عمر ہوتی تو مزید سال دو سال انتظار کرنے میں بھی کوئی قباحت نہیں تھی"۔ یہ کہہ کر وہ فوراً واپس جانے لگے۔ میں نے انہیں بہت روکا کہ ناشتہ کر کے جائیں لیکن وہ بالکل نہیں رکے۔ جس تیزی سے آئے تھے اسی تیزی سے چلے بھی گئے۔

ڈاکٹر راج بہادر گوڑ کی ایک اور خرابی نما خوبی یہ ہے کہ یہ اپنے سے چھوٹوں کا بہت خیال رکھتے ہیں بلکہ اتنا خیال رکھتے ہیں کہ کچھ عرصہ بعد چھوٹے اپنے آپ کو ان سے بڑا سمجھنے کی غلطی کرنے لگ جاتے ہیں اور آپ جانتے ہیں کہ چھوٹے آدمی کا بڑا پن کتنا کھوکھلا ہوتا ہے۔ یہ جب کسی کی ہمت افزائی کرتے ہیں تو زمین آسمان کے قلابے ملا دیتے ہیں۔ مجھے یاد ہے کہ ۱۹۶۸ء میں جب میرے مزاحیہ مضامین کا پہلا مجموعہ شائع ہوا تو ڈاکٹر گوڑ نے میری مزاح نگاری کے بارے میں ایک طویل اور جامع مقالہ لکھا۔ میری مزاح نگاری کے بارے میں اس وقت تک کسی نے کچھ نہیں لکھا تھا۔ مگر ان کے مضمون کو سن کر میں ہکا بکا سا رہ گیا کیونکہ انہوں نے میری

مزاح نگاری میں جو خوبیاں تلاش کی تھیں، وہ خود مجھے نظر نہیں آرہی تھیں۔ چنانچہ جلسہ کے بعد میں نے ان سے شکایت کی کہ "حضور آپ نے میری بہت زیادہ تعریف کردی جس کا میں مستحق نہیں تھا"۔ بولے "میاں! اسکو تعریف نہیں کہتے۔ ہمت افزائی کہتے ہیں ہمت افزائی"۔ میں نے کہا "مگر مجھ میں اتنی ہمت افزائی کو برداشت کرنے کی ہمت نہیں ہے"۔

چنانچہ ڈاکٹر گوڑ کا یہ مضمون اب بھی میرے پاس محفوظ ہے جسے میں اکثر اوقات اپنے آپ میں خوش فہمی پیدا کرنے کے خیال سے پڑھ لیتا ہوں اور میری نااہلی دیکھئے کہ یہ خوش فہمی آج تک مجھ میں پیدا نہیں ہوئی۔ یہ نہ سمجھئے کہ ڈاکٹر گوڑ نے میرے ساتھ یہ خصوصی سلوک کیا تھا۔ پچھلے تین چار دہوں میں ڈاکٹر گوڑ نے سینکڑوں ادیبوں اور شاعروں کی ہمت افزائی کی ہے اور حتی المقدور انہیں خوش فہمی میں مبتلا کیا ہے۔ ہر کوئی میری طرح نااہل تھوڑا ہی ہوتا ہے۔

ڈاکٹر گوڑ کے بارے میں کہنے کو میرے پاس بہت سی باتیں ہیں لیکن اس وقت مجھے ایک سال پہلے کے ڈسمبر کی ایک شام یاد آرہی ہے۔ حیدرآباد میں ایک دوست کی بیٹی کی شادی میں ڈاکٹر گوڑ سے اچانک ملاقات ہوگئی۔ بابری مسجد کو گرے ہوئے سات آٹھ دن ہی بیتے تھے۔ ڈاکٹر گوڑ نے آتے ہی میزبان سے کہا "بھئی کھانا جلدی لگوادو۔ میں زیادہ دیر نہیں رُک سکتا"۔ میں نے کہا "گوڑ بھائی ! یہ آپ نے کب سے کھانے میں دلچسپی لینی شروع کردی؟" بولے "نہیں! مجھے پرانے شہر میں ایک

میٹنگ میں جانا ہے"۔ میں نے پوچھا "کوئی ادبی محفل ہے؟"

بولے "دیکھ نہیں رہے ملک میں کیا ہو رہا ہے اور تمہیں ادبی محفل کی سوجھ رہی ہے۔ پرانے شہر میں ایک میٹنگ ہے بابری مسجد کے انہدام کے خلاف"۔ میں نے کہا "گوڑ بھائی! بابری مسجد کے انہدام کے خلاف آپ کیا کہیں گے یہ میں اچھی طرح جانتا ہوں لیکن یہ بتائیے کہ آج کے حالات میں کون آپ کی عقل مندی اور ہوش مندی کی باتیں سنے گا"۔

غصہ سے بولے۔ "کسی کو نہ سننا ہو تو نہ سنے۔ مگر مجھے جو کہنا ہے وہ تو میں کہتا رہوں گا۔ اگر کوئی مجھے سننا نہیں چاہتا تو میں ہی اپنے آپ کو اپنی باتیں سناتا رہوں گا"۔ ایسے موڈ میں اُن سے بحث کرنا اچھا نہیں ہوتا۔ میں نے عافیت اس میں جانی کہ اپنے حلوے مانڈے سے مطلب رکھوں۔

ڈاکٹر گوڑ نے آج سے پچاس پچپن برس پہلے جس عقیدہ اور مسلک کو اپنایا تھا اس پر آج تک اسی طرح قائم ہیں۔ انسان دوستی، محبت، پیار اور رواداری کا مسلک۔ دنیا میں کیا نہیں ہوا، لیکن یہ بدستور اپنے مسلک کا دامن تھامے ہوئے ہیں۔ دامن بھلے ہی چاک ہو گیا ہو لیکن انہوں نے اپنے مسلک کو چاک نہیں ہونے دیا۔ کبھی کبھی ڈاکٹر گوڑ مجھے ایک ایسے عوامی رہنما کی طرح نظر آتے ہیں جو انسانوں کی بھیڑ میں تنہا رہ گئے ہیں۔ ہجوم کی تنہائی کو جو لوگ محسوس کر سکتے ہیں وہ اس نکتہ کو بخوبی سمجھ پائیں گے۔ میں انہیں سچے، مخلص، بے لوث اور بے غرض رہنماؤں کی نسل کی

آخری نشانی سمجھتا ہوں۔ اگر میں صاحب اقتدار ہوتا تو ایسے بچے کھچے رہنماؤں کی ایک سینکچوری Sanctuary بناتا تاکہ یہ وہاں محفوظ رہیں اور ہمارے موجودہ رہنما انہیں دیکھ لیا کریں۔ کوئی سبق تو وہ خیر کیا حاصل کر پائیں گے مگر انہیں دیکھ لینے میں کیا قباحت ہے۔

ڈاکٹر راج بہادر گوڑ ہندوستان کی پہلی پارلیمنٹ کے ممبر رہے ہیں۔ ایک سوال میں ڈاکٹر گوڑ سے پوچھنا چاہتا ہوں کہ کیا وہ آج کے حالات میں پھر سے پارلیمنٹ کے ممبر بننا پسند کریں گے؟ مجھے ڈر ہے کہ اگر کوئی انہیں پھر سے پارلیمنٹ میں بھیجنے کی کوشش کرے تو کہیں وہ پھر سے ہتھیار نہ اٹھالیں۔

***

۹

روڈا مستری

پاکستان کے ممتاز شاعر منیرؔ نیازی کی ایک نہایت خوبصورت نظم ہے جس کے ہر بند کے بعد ایک مصرع آتا ہے: "ہمیشہ دیر کر دیتا ہوں میں"۔ روڈا مستری کے بارے میں آج کچھ لکھنے بیٹھے تو ہمیں منیرؔ نیازی کی نظم کا یہ بند یاد آگیا۔ جون کے پہلے ہفتے میں سعودی عرب روانہ ہونے سے دو دن پہلے ہم نے نسیمہ تراب الحسن سے روڈا مستری کی خیریت دریافت کی تو انہوں نے بتایا کہ حالت کچھ اچھی نہیں ہے۔ بے حد نحیف و نزار اور کمزور ہو گئی ہیں۔ آپ دیکھیں گے تو پہچان نہیں پائیں گے۔ روڈا مستری کے اس حال کو جاننے کے بعد ہم میں اتنی ہمت پیدا نہ ہوئی کہ ہم جا کر ان کی مزاج پرسی کر لیتے۔ جس پارہ صفت ہستی کو ہمیشہ بے حد فعّال، سرگرم، مستعد، متحرک اور چاق و چوبند دیکھا تھا اسے اس حالت میں کیسے دیکھ لیتے۔ لہٰذا چپ چاپ سعودی عرب چلے گئے۔ آٹھ دس دن بعد مکہ مکرمہ میں عمرہ کی سعادت نصیب ہوئی۔ دو ڈھائی گھنٹوں تک ہمیں پوری یکسوئی کے ساتھ خانہ کعبہ میں ایک

ایسی جگہ بیٹھنے کا موقع ملا جہاں سکون ہی سکون تھا۔ ہمارا سارا ماضی خود ہماری آنکھوں کے آگے گھوم گیا۔ وہ سارے احباب اور وہ شخصیتیں یاد آئیں جن کے ساتھ ہم نے زندگی کے پہاڑ جیسے برس گزارے تھے۔ کئی احباب کے لئے گڑگڑا کر دعائیں مانگیں۔ روڈا مستری کا خیال آیا تو ہم نے پورے صدق دل کے ساتھ ان کی صحت یابی کیلئے دعا مانگی اور یہ التجا بھی کی کہ پروردگار ان کی مشکل آسان کر دے۔ سعودی عرب میں دو ہفتے گزار کر واپس حیدرآباد آئے تو ہمیں ایک تقریب میں شرکت کی خاطر فوراً دہلی جانا پڑ گیا۔ دہلی کی مصروفیات میں اُلجھے تو کچھ ایسے الجھے کہ 'سیاست' کا وہ شمارہ، جس میں روڈا مستری کے انتقال کی خبر چھپی تھی، وہ ان کے انتقال کے پورے چار پانچ دن بعد ہماری نظر سے گزرا۔ اپنی بے خبری اور بے سر و سامانی پر کف افسوس ملتے رہے۔ اس وقت تک ہم اپنے کالم کیلئے اپنے سفر نامے کی ایک قسط روانہ کر چکے تھے۔ یوں روڈا مستری کو نذرانہ عقیدت پیش کرنے کے معاملے میں ہم سے دیر ہوتی چلی گئی۔ اگرچہ پچھلے چند برسوں سے روڈا مستری نے سماجی اور سیاسی سرگرمیوں سے دوری اختیار کر رکھی تھی لیکن وہ ایسی ہستی تو نہیں تھیں کہ ادھر ان کی آنکھیں بند ہو جائیں اور اُدھر زمانہ بھی ان کے تعلق سے اپنی آنکھیں بند کر لے۔ جس دن ان کے انتقال کا ہمیں علم ہوا اسی شام کو ہمارا گزر دہلی میں اشوکا روڈ کی اُس کوٹھی کے سامنے سے ہوا جہاں پچیس برس پہلے روڈا مستری بحیثیت رکن پارلیمنٹ رہا کرتی تھیں۔ اس کوٹھی کو ہم 'منی حیدرآباد' کہا کرتے تھے۔

روڈا مستری کو ہم نے لگ بھگ نصف صدی پہلے اس وقت دیکھا تھا جب وہ آئی سی ایس ڈبلیو (انڈین کونسل فار سوشیل ورک) کے کاموں میں بڑھ چڑھ کر حصہ لیا کرتی تھیں۔ نواب مہدی نواز جنگ کونسل کے سرپرست تھے۔ ارجمند وہاب الدین، رائے جانکی پرشاد اور حیدرآباد کی بعض ممتاز ہستیاں اس کونسل سے وابستہ تھیں۔ ہمیں اب یاد نہیں کہ کونسل فار سوشیل ورک میں وہ کس عہدے پر فائز تھیں لیکن ہمیں تو وہ مجسم کونسل یا یوں کہئیے کہ سالم کونسل ہی نظر آتی تھیں۔ ہمیشہ متحرک اور مصروف عمل۔ ہم سے ان کے ابتدائی ربط اور تعلق کی نوعیت یہ تھی کہ ہم انتخاب پریس کے مینجر تھے اور آئی سی ایس ڈبلیو کی طباعت کا کام ہمارے پریس میں ہوتا تھا۔ یوں تو سال بھر ہی کونسل کا کوئی نہ کوئی کام پریس میں چلتا رہتا تھا لیکن جب کونسل کی سالانہ کانفرنس منعقد ہوتی تھی تو اس کی ضخیم رپورٹ کی طباعت کے سلسلے میں روڈا مستری تقریباً روز ہی پریس آجایا کرتی تھیں اور ان کے آنے کا کوئی وقت مقرر نہیں ہوتا تھا۔ احمد رضا قادری مرحوم ان کے آنے کو "نازل ہونے" سے تعبیر کرتے تھے۔ وہ اپنی جیپ خود ہی چلاتی ہوئی آیا کرتی تھیں۔ جس طرح وہ خود منفرد خاتون تھیں اسی طرح ان کی جیپ کی آواز، اس کا اسلوب، اس کا آہنگ اور اس کا لب ولہجہ منفرد اور مختلف ہوا کرتا تھا۔ ابھی ان کی جیپ گلی کے نکڑ پر ہی ہوتی تھی کہ ہمیں پتہ چل جاتا تھا کہ روڈا مستری اور ان کی جیپ دونوں ساتھ ساتھ آرہے ہیں۔

بہت پہلے سے اُن قدموں کی آہٹ جان لیتے ہیں
تجھے اے زندگی ہم دور سے پہچان لیتے ہیں

وہ آندھی کی طرح آتیں تو پریس میں ہلچل سی مچ جاتی تھی۔ وہ بے حد نفاست پسند تھیں۔ یہ اور بات ہے کہ پریس کے کاروبار میں اور وہ بھی نصف صدی پہلے کے پریسوں میں گندگی کو لازمی مضمون کی حیثیت حاصل ہوا کرتی تھی۔ سیاہی کے دھبے، مشینوں سے گرنے والے میل کے دھبّے، کاغذوں کے پرزے سب کچھ آسانی سے دکھائی دیتے تھے۔ وہ اکثر سیدھے پریس میں چلی جاتی تھیں اور کمپیوزیٹروں اور مشین مین کو راست طور پر ہدایات دیا کرتی تھیں۔ پروفس میں کمپوزنگ کی غلطیوں کی نشاندہی کرتی جاتی تھیں اوران غلطیوں کا اصل سبب اس گندگی کو بتاتی تھیں جو عموماً پریسوں میں پائی جاتی ہے۔ ہم سے اکثر فرماتی تھیں "مجتبیٰ میاں ! اپنے پریس کو صاف ستھرا رکھو تو کمپوزنگ کی اتنی غلطیاں نہیں ہوں گی۔ صاف ستھرا ماحول، صاف ستھرے کام کا ضامن ہوتا ہے"۔ حالانکہ ہمارا پریس دیگر پریسوں کے مقابلے میں خاصا صاف ستھرا اور پاک و صاف رکھا جاتا تھا۔ ہم نے ایک بار انہیں مودبانہ انداز میں سمجھانے کی کوشش کی کہ اگرچہ طباعت کے ذریعہ علم کی روشنی پھیلتی ہے اور یہ بڑا اشریفانہ پیشہ ہے لیکن اس دھندے میں گندگی سے مفر نہیں، جس طرح کنول کیچڑ میں کھلتا ہے اسی طرح علم کی روشنی بھی گندگی کے اندھیرے سے پیدا ہوتی ہے"۔

ہنس کے بولیں "اپنی کوتاہی کو چھپانے کیلئے بیچارے کنول کی آڑ کیوں لیتے ہو؟"

جب تک آئی سی ایس ڈبلیو کی رپورٹ کی طباعت کا کام پریس میں چلتا رہتا ہم نہ صرف پریس کو حتی الامکان صاف ستھرا رکھوانے کی کوشش کرتے تھے بلکہ خود بھی نک سک سے ٹھیک ٹھاک رہنے کی کوشش کرتے تھے۔ اسے آپ روڈا مستری کی ذات کا فیض ہی کہہ سکتے ہیں۔ روڈا مستری خاصی حسین و جمیل خاتون تھیں۔ اُن کے حسن کو تجزیے کے ذریعہ لفظوں میں بیان نہیں کیا جاسکتا کہ آنکھیں ایسی تھیں، پیشانی ایسی تھی، بال ایسے تھے، ابرو کا یہ عالم تھا وغیرہ۔ کیونکہ وہ بحیثیت مجموعی حسن و جمال کا ایک دلفریب پیکر تھیں۔ بناؤ سنگھار سے انہیں کوئی خاص رغبت نہیں تھی۔ زیورات بھی کم سے کم استعمال کرتی تھیں (ہم تو انہیں حیدرآبادی تہذیب کا ایک انمول زیور تصور کرتے تھے)۔ زرق برق اور بھڑکیلے لباس سے بھی اجتناب برتتی تھیں۔ غرض ان میں ایک ایسی سادگی تھی جو ان کی شخصیت کو اور بھی دلآویز، باوقار اور معتبر بنادیتی تھی۔ کسی زمانے میں کثرت سے سگریٹ پیا کرتی تھیں مگر بعد میں سگریٹ نوشی یکسر ترک کردی تھی۔ انہیں سماجی کاموں سے گہری دلچسپی تھی۔ ۱۹۶۰ء کی دہائی میں حیدرآبادی خواتین اور وہ بھی مسلم خواتین میں جو غربت دکھائی دیتی تھی اسے دور کرنے کیلئے آئی سی ایس ڈبلیو کی طرف سے روزگار فراہم کرنے کی مختلف اسکیمیں چلائی گئیں، جن میں روڈا مستری ہمیشہ پیش پیش رہتی تھیں۔ کئی

دفتروں اور دواخانوں میں آئی سی ایس ڈبلیو کینٹین چلایا کرتی تھی۔ کوشش یہ ہوتی تھی کہ خواتین اپنے پیروں پر آپ کھڑی ہو جائیں۔ بعد میں وہ عملی سیاست سے بھی وابستہ رہیں اور ریاست کی وزیر اطلاعات اور وزیر سیاحت بھی بنیں۔ ۱۹۸۰ء میں وہ راجیہ سبھا کی رکن بن کر دہلی آئیں۔ اس عرصہ میں رحمت علی بھی رکن پارلیمنٹ بن کر دہلی آگئے۔ یوں چھ برس تک دہلی میں روڈا مستری کے گھر کو حیدرآباد کے سفارت گھر کی حیثیت حاصل رہی۔ آئے دن یہاں محفلیں منعقد ہوتیں، دعوتیں ہوتیں، حیدرآباد کے فنکاروں کو بلایا جاتا۔ ان محفلوں اور لوگوں میں ہم ہمیشہ مدعو رہتے تھے۔ روڈا مستری نہایت خوش اسلوبی سے ان دعوتوں کا اہتمام کرتی تھیں اور کوشش یہ کرتی تھیں کہ دعوت کے ہر پہلو سے حیدرآبادی تہذیب و روایت اجاگر ہو۔ اگرچہ آج دہلی میں حیدرآبادی کھانے بے حد مقبول ہوگئے ہیں لیکن آج سے پچیس برس پہلے دہلی میں حیدرآبادی کھانوں کو مقبول بنانے میں صرف اور صرف روڈا مستری کا ہاتھ رہا ہے۔ اُن کے ہاں ملازم بھی ایسے تھے جو حیدرآبادی پکوان اور حیدرآبادی رکھ رکھاؤ سے بخوبی واقف تھے۔ ایک خادمہ (اب نام یاد نہیں رہا) ان کی بہت چہیتی تھیں۔ اُس پر پورا بھروسہ کرتی تھیں۔ گھر کی ہر چیز خادمہ کے قبضے میں ہوتی تھی لیکن کام میں کبھی کوئی اونچ نیچ ہو جاتی تو روڈا مستری اُس پر برسنا شروع کردیتی تھیں۔ ہر کوئی اُن کی اس کیفیت سے خوفزدہ ہو جاتا تھا لیکن ہم دل ہی دل میں اس کیفیت سے لطف اندوز ہوتے تھے کہ روڈا مستری کا غصہ سمندر کے

جھاگ کی طرح ہوتا تھا۔ وہ بنیادی طور پر ایک نرم دل خاتون تھیں۔ اُن کی دعوتوں میں کئی نامی گرامی اور مقتدر ہستیاں شریک ہوا کرتی تھیں جو بعد میں دہلی کی محفلوں میں حیدرآبادی کھانوں اور حیدرآبادی تہذیب کے گن گایا کرتی تھیں۔ رحمت علی صاحب بھی ان دعوتوں میں اکثر شریک رہا کرتے تھے اور ان کا مخصوص پاندان بھی ان کے ساتھ رہتا تھا۔ لوگ فرمائش کر کر کے ان سے حیدرآبادی پان کھاتے تھے۔ خوشونت سنگھ رحمت علی صاحب کے پان کے بڑے رسیا تھے اور پارلیمنٹ میں بیٹھے بیٹھے بھی اردلی کے ذریعہ رحمت علی صاحب سے پان بھیجنے کی فرمائش کرتے تھے۔ ہم اکثر مذاق مذاق میں روڈا مستری سے کہا کرتے تھے کہ "وہ رحمت علی صاحب کو اپنی دعوتوں میں نہ بلایا کریں کیونکہ اُن کے حیدرآبادی پان آپ کے حیدرآبادی پکوان پر غالب آجاتے ہیں بلکہ بعض دعوتی تو آخر میں صرف پان کھانے کی چاٹ میں پکوان بھی کھالیتے ہیں"۔ ہماری باتوں پر وہ دل کھول کر ہنسنا بھی جانتی تھیں۔

روڈا مستری حیدرآبادی کلچر کی بہترین روایات کی امین تھیں اوران روایات کو آگے بڑھانے کیلئے سو سو جتن کرتی تھیں۔ وہ ہمیں بہت عزیز رکھتی تھیں اور کبھی ملاقات میں لمبا وقفہ آجائے تو حسب معمولی برہم ہو جاتی تھیں۔ ان کا برہم ہونا بھی ہمیں بہت اچھا لگتا تھا۔ وہ ایک صاف دل، صاف گو، بے ریا اور ہمدرد خاتون تھیں۔ انہوں نے ہزاروں کی مدد کی اور ان کا مستقبل بنایا۔ ہمارے دوستوں کے کئی کام ان

کے ایک اشارے پر ہو گئے۔ اگرچہ وہ عملی سیاست سے وابستہ ہو گئی تھیں لیکن وہ عام سیاست دانوں کی مصلحت پسندیوں اور ان کی خود غرضیوں کو نہ تو اپنا سکیں اور نہ ہی انہیں برداشت کیا۔ بسا اوقات وہ اپنی بات کہنے میں بہت بلند بانگ ہو جاتی تھیں اور کسی لاگ لپیٹ کو درمیان میں آنے نہ دیتی تھیں۔ نتیجے میں سچ بات کہنے کے نقصانات بھی برداشت کر لیتی تھیں۔ حضرت نظام الدین اولیا سے انہیں گہری عقیدت تھی اور خواجہ حسن ثانی نظامی جب بھی نظام الدین اولیاء کے عرس کی تقاریب منعقد کرتے تھے تو ان میں نہایت خشوع و خضوع کے ساتھ شرکت کرتی تھیں۔ مسز اندرا گاندھی سے بھی وہ بہت قریب تھیں بلکہ ان کے روز مرہ کے معمولات میں روڈا مستری کے مشورے بھی شامل رہتے تھے۔ بعد میں عملی سیاست میں کچھ ایسی تبدیلیاں آ گئیں کہ روڈا مستری عملی سیاست سے دور ہوتی چلی گئیں۔ یوں بھی ان کا میدان عمل سیاست نہیں بلکہ سماجی خدمت تھا۔ اردو زبان اور اردو کلچر سے انہیں بے پناہ پیار تھا۔ بہت اچھی اردو بولتی تھیں بلکہ جب وہ اردو بولتی تھیں تو کم از کم ہمیں تو اردو کا مستقبل خاصا تابناک نظر آتا تھا۔ افسوس کہ حیدرآباد اپنی تہذیب کی ایک روشن علامت سے محروم ہو گیا۔ غالب کا ایک خوبصورت شعر ہے جسے ہم لوگ ہر کس و ناکس کے اس دنیا سے گزر جانے کے موقع پر بے دریغ استعمال کرتے رہتے ہیں مگر ہمارا خیال ہے کہ غالبؔ نے یہ خوبصورت شعر روڈا مستری ہی جیسی کسی ہستی کے گزر جانے پر کہا ہو گا۔

سب کہاں کچھ لالہ و گل میں نمایاں ہو گئیں
خاک میں کیا صورتیں ہوں گی کہ پنہاں ہو گئیں

***

۱۰

زینت ساجدہ

ہم جمعرات کے دن اپنا کالم لکھتے ہیں۔ لہذا بدھ کی شام ہی سے گڑگڑا کر دعا مانگنا شروع کر دیتے ہیں کہ اے پروردگار! اردو معاشرے پر کرم فرما اور اردو زبان وادب کی درازی عمر کی خاطر اُن ادیبوں کی عمروں میں بھی اضافہ فرما جو اردو زبان میں لکھنے پڑھنے کا کام کرتے چلے جارہے ہیں، تاکہ اس طرح ہم ان کی رحلت پر تعزیتی کالم لکھنے سے محفوظ رہ سکیں۔ پچھلی جمعرات کو ہم نے رفعت سروشؔ کی یاد میں اپنا کالم لکھ کر اخبار کو روانہ کیا ہی تھا کہ ہم سب کی محبوب ہستی زینتؔ ساجدہ کے سانحہ ارتحال کی جاں سوز اطلاع آگئی۔ بعض احباب کا خیال ہے کہ جس رفتار سے ہم جانے والوں کی یاد میں تعزیتی کالم لکھتے چلے جارہے ہیں اگر یہی رفتار برقرار رہی تو ایک دن ایسا بھی آئے گا کہ جب خود ہمارے گزر جانے کی صورت میں کوئی ڈھنگ کا ایسا لکھنے والا، جو ہم پر کچھ لکھ سکے، باقی نہ بچے گا۔ مجید امجدؔ نے ایسی ہی صورتحال پر ایک خوبصورت شعر کہا تھا۔

میں روز اِدھر سے گزرتا ہوں کون دیکھتا ہے
میں کل اِدھر سے نہ گزروں گا کون دیکھے گا

زینت آپا کے گزر جانے کا دھڑکا بارہ تیرہ دن پہلے سے لگا ہوا تھا جب انہیں مہاویر اسپتال کے آئی سی یو میں شریک کرایا گیا تھا۔ ذہنی طور پر ہمیشہ چاق وچوبند اور مستعد رہنے والی زینت آپا اس سے پہلے کبھی اس قدر بیمار نہیں ہوئی تھیں۔ یہی وجہ تھی کہ صبح اٹھتے ہی ہم ان کی بہو شگفتہ شاہین یااُن کی بیٹی آمنہ فردوس یااُن کے داماد محبوبِ مصطفیٰ فردوس سے اُن کی خیریت پوچھ لیا کرتے تھے۔ پچھلی جمعرات کی شام میں جب اچانک اپنے آپ ہی محمد محبوب مصفطی فردوس کا فون آیا تو ہم نے تاڑلیا کہ دکن دیس کی وہ سانولی سلونی، نرم و ملائم اور خوشگوار تمازت رکھنے والی چمکدار دھوپ گزر گئی جو پچھلی چھ سات دہائیوں سے حیدرآبادی معاشرے، یہاں کی تہذیب اور یہاں کی علمی وادبی فضاء پر نہ صرف ضوفگن تھی بلکہ سایہ فگن بھی تھی۔ اب ٹھیک سے یاد نہیں کہ زینت آپا کو پہلے پہل کہاں دیکھا تھا۔ یہ ضرور یاد ہے کہ گلبرگہ انٹر میڈیٹ کالج کے زمانہ طالب علمی میں اُن کے "جلترنگ" والے افسانے ضرور پڑھ رکھے تھے۔ اب ان افسانوں کے کردار بھی یاد نہیں رہے۔ تاہم اوائل عمری میں پڑھے گئے ان افسانوں نے ایک ذہنی فضا بنادی تھی۔ کانوں میں گھنٹیاں سی بج اٹھتی تھیں، دل میں جلترنگ کے تار جھنجھنا اُٹھتے تھے۔ اودے اودے بادلوں کے پس منظر میں رنگ برنگے پرندوں کی قطاریں محو پرواز ہوجایا کرتی

تھیں۔ دکن کی سانولی سلونی شامیں عکس در عکس اپنے پیراہن بدلنے لگ جاتی تھیں۔ ساون کی گھنگھور گھٹائیں دل کی کھیتی میں امیدوں کے نئے نئے بیج بونے لگ جاتی تھیں اور محبوب کے خدوخال تو واضح طور پر دکھائی نہیں دیتے تھے، البتہ اس کی دید کی آس میں پانچوں حواس ضرور مضطرب ہو جایا کرتے تھے۔ زینت آپا کو تو بہت بعد میں دیکھا۔ البتہ ان کی بعض چہیتی شاگردوں ناصرہ فضل اللہ، آمنہ مینائی، زیبا انصاری، طیبہ رفعت، رشید موسوی، عطیہ حفیظ، ذکیہ تقی، عفت موہانی، شریف النساء، صفیہ اریب، لئیق صلاح، آمنہ انصاری، نسیمہ تراب الحسن وغیرہ کو گلبرگہ سے حیدرآباد آنے کے بعد دیکھا۔ سب کی سب اپنی استاد کی چہیتی، گرویدہ بلکہ دیوانی۔ اپنی استاد کیلئے ایسی والہانہ وابستگی، لگاوٹ، احترام اور عقیدت بہت کم شاگردوں میں دیکھی۔ زینت آپا ایک طویل عرصہ تک ویمنس کالج میں برسرکار رہیں اور اس طرح اُن کی خاتون شاگردوں کی اچھی خاصی تعداد سے ہماری ملاقات رہی ہے۔ یوں بھی ان کی ہونہار طالبات ساری دنیا میں پھیلی ہوئی ہیں۔ دنیا میں کوئی ملک ہمیں ایسا نہیں ملا جہاں ہم گئے ہوں اور وہاں زینت آپا کی کسی نہ کسی شاگرد نے اُن کی خیریت نہ دریافت کی ہو، حالانکہ ان طالبات کی اکثریت اب نانیوں اور دادیوں میں تبدیل ہو چکی ہے لیکن زینت آپا کی خیریت کچھ ایسی سعادت مندی کے ساتھ پوچھیں گی جیسے ابھی ابھی زینت آپا کی کلاس اٹینڈ کر کے کالج سے لوٹی ہوں۔ زینت آپا کیلئے اُن کے دل میں جو عقیدت، جو خلوص اور احترام نظر آتا ہے،

اسے دیکھ کر ہمارے دل میں یہ قیاس اُبھرتا ہے کہ زینت آپا اپنی شاگردوں کو صرف سبق نہیں پڑھاتی تھیں بلکہ ضرور کوئی پٹّی بھی پڑھادیتی تھیں۔ صرف علم کی دولت پاکر کسی طالب علم کو اس قدر والہانہ انداز میں اپنے استاد کا معتقد، معترف، ممنون اور مشکور ہوتے نہیں دیکھا۔ بے شک ہم نے بھی اپنے استادوں کا احترام کیا۔ صرف اس لئے کہ بعض استادوں کے ہاتھوں میں چھڑی بھی ہوا کرتی تھی اور ایک زمانہ میں چھڑی کو بھی حصول علم کا اہم ذریعہ سمجھا جاتا تھا۔ صرف ایک استثنائی صورت آرٹس کالج کے پروفیسر دورائے سوامی کی تھی جو کسی بھی کلاس میں جب شکسپیئر کو پڑھاتے تھے تو ہم بے ساختہ اس کلاس میں جا کر بیٹھ جاتے تھے۔ یونیورسٹی سے فارغ التحصیل ہونے کے چار پانچ برس بعد ایک دن ہم اتفاق سے آرٹس کالج گئے تو ایک کلاس روم میں سے پروفیسر دورائے سوامی کی آواز میں مارک انطونیؔ کی تقریر سنائی دی اور ہم بے ساختہ بروٹسؔ بن کر کلاس روم میں جا بیٹھے۔ ہمیں دیکھ کر دورائے سوامی کی آنکھوں میں جو چمک پیدا ہوئی تھی وہ اب تک ہمیں یاد ہے۔ انہیں شکسپیئر کے سارے ڈرامے زبانی یاد تھے اور کسی کتاب کے بغیر جب وہ کوئی ڈرامہ پڑھاتے تھے تو سماں سا باندھ دیتے تھے۔ زینت آپا کی شاگردوں کا بیان ہے کہ وہ جب غالب کو پڑھاتی تھیں تو غالب کو ہی پڑھاتی تھیں اور غالب کے سوائے کچھ نہیں پڑھاتی تھیں۔ آج کے اساتذہ کا سا حال نہیں تھا کہ ذوقؔ کو پڑھائیں تو سودا کا اور سوداؔ کو پڑھائیں تو اس پر میر دردؔ کا گمان ہونے لگتا ہے۔ وہ

اردو کے ان اساتذہ میں سے نہیں تھیں جو کہیں لکچرر ہی لگ جاتے ہیں اور کسی یونیورسٹی سے ڈاکٹریٹ کی ڈگری کا پرزہ حاصل کرلیتے ہیں تو فوراً نقاد، محقق، پروفیسر اور دانشور وغیرہ بن جاتے ہیں۔ زینت آپا خالص استاد تھیں جیسے خالص شہد اور خالص دودھ ہوتا ہے بغیر ملاوٹ والا۔ اپنی چہیتی شاگردوں سے ان کا رشتہ صرف کلاس روم تک محدود نہیں رہ جاتا تھا بلکہ ان کی شخصی زندگی کو سنوارنے اور خوشگوار بنانے کی خاطر وہ اپنی شفقتوں کے سائے کو حتی الامکان وسیع کرتی چلی جاتی تھیں۔

زینت آپا کو ہم نے پچاس کی دہائی کے آخری برسوں میں کسی تہذیبی پروگرام کے انعقاد کی تیاریوں میں مصروف دیکھا تھا۔ حیدرآباد زبردست سیاسی، سماجی اور معاشی تبدیلیوں سے گزر رہا تھا۔ بائیں بازو کی تحریکات بھی زور پکڑتی جارہی تھیں۔ انہیں حیدرآبادی تہذیب، حیدرآبادی رسومات، حیدرآباد کے میلوں، ٹھیلوں اور کھیلوں سے پیار تھا۔ حیدرآبادی گیتوں کی وہ رسیا تھیں۔ حیدرآباد کے پھیری والوں اور سوئیاں پوت والیوں کی مخصوص آوازوں کو جمع کرنے کا بھی انہیں شوق تھا۔ دکنی زبان اور دکنی ادب و تہذیب کے فروغ کیلئے ہمیشہ سرگرم عمل رہتی تھیں۔ زینت آپا اگرچہ محلہ فرحت نگر میں ہماری پڑوسن بھی رہیں اور ہمارے اوران کے گھر کے درمیان صرف ایک گھر کا فاصلہ تھا۔ وہ جس گھر میں رہا کرتی تھیں اب وہاں ہمارے دوست ڈاکٹر مشتاق کا مطب ہے۔ تاہم انہیں ہم نے اپنے محلہ میں کھلے عام

نہیں دیکھا۔ ہمیشہ پردہ کے رکشا میں ویمنس کالج جایا کرتی تھیں۔ ابتداء میں وہ ہمیں ہمارے بھائیوں کی وجہ سے عزیز رکھتی تھیں۔ بعد میں جب ہم نے مزاح نگاری شروع کی تو ان کی شفقتوں میں مزید اضافہ ہوتا چلا گیا۔ وہ خود بھی بے حد بذلہ سنج، حاضر جواب اور فقرہ باز خاتون تھیں۔ کسی بھی محفل میں ہوتیں تو اپنی باتوں سے محفل کو زعفران زار بنادیتی تھیں۔ ہم جب بھی دہلی سے حیدرآباد آتے تو بسا اوقات حمایت اللہ کے ساتھ ان کے ہاں ضرور جاتے تھے۔ حمایت بھائی کو وہ پیار سے چنو میاں پکارا کرتی تھیں۔ ہمیں یاد ہے کہ ستمبر ۱۹۶۹ء میں ایک شام حیدرآباد میں یہ افواہ پھیل گئی کہ گنڈی پیٹ کا تالاب ٹوٹ گیا ہے۔ سارے حیدرآباد میں کھلبلی اور کہرام سا مچ گیا۔ محبوب حسین جگر نے اس خاکسار اور زینت آپا سے کہا کہ ہم دونوں مزاحیہ انداز میں اس افواہ سے وابستہ اوٹ پٹانگ حرکتوں کے بارے میں اپنے تاثرات "سیاست" کیلئے لکھیں۔ چنانچہ ہم دونوں کے تاثرات چھپے۔ دوسرے دن زینت آپا ملیں تو بولیں۔ "ابے لپوٹ۔ تونے فرضی قصے خوب گھڑ لئے اور نمک مرچ بھی خوب لگایا"۔ ہم نے نظریں نیچی کر کے کہا۔ "زینت آپا! مزاح نگار ہونے کی وجہ سے بسا اوقات زیب داستان کی خاطر کچھ نہ کچھ مبالغہ آرائی تو کرنی ہی پڑتی ہے"۔ بولیں۔ "مگر تو زیب داستان کے ساتھ کچھ ایسا سلوک کرتا ہے کہ داستان چھوٹی اور زیب بڑا ہو جاتا ہے"۔ فقرہ بازی اور برجستہ گوئی کا جو ہنر زینت آپا کے پاس تھا ویسا ہنر ہم نے کسی اور خاتون کے ہاں نہیں دیکھا۔ لوگوں کو آج بھی وہ محفل

یاد ہے جب اردو ہال میں جشن مخدوم کے موقع پر زینت آپا نے اپنے مخصوص انداز میں مخدوم کا خاکہ پڑھا تھا اور ان کے ہر جملہ پر محفل قہقہہ زار بن گئی تھی۔ حد یہ ہوگئی کہ ہم نے اس دن پروفیسر ہارون خاں شروانی اور پروفیسر حبیب الرحمن جیسے بزرگوں تک کو پیٹ پکڑ کر ہنستے ہوئے دیکھا۔ زینت آپا باتیں بھی بہت مزے کی کرتی تھیں۔ وہ کہے اور سنا کرے کوئی والا معاملہ ہوتا تھا۔ ہم نے حمایت بھائی اور ڈاکٹر رشید موسوی سے کئی بار کہا بھی کہ حیدرآبادی کلچر کے بارے میں ان کی باتوں کو ریکارڈ کر کے رکھ لیا جائے کیونکہ ایسی باتیں کرنے والی کوئی اور ہستی ہمارے درمیان نہیں رہ جائے گی۔ دکنی زبان اور دکن کی تہذیب کے بارے میں ان کی باتیں ایک انمول خزانے کی حیثیت رکھتی تھیں۔ اُن کا تعلق گلبرگہ سے تھا اور اُن کی ننھیال کا تعلق عادل شاہی سلطنت کے علاقوں بیجاپور، رائچور اور گوگی شریف وغیرہ سے تھا۔ ان کے خالہ زاد بھائیوں نذیر صدیقی (جو بعد میں کچھ عرصہ کیلئے کرناٹک کے وزیر بھی بنے) اور عبدالصمد، سابق رکن پارلیمنٹ سے ہماری دوستی تھی۔ نذیر صدیقی، زینت آپا کے دودھ شریک بھائی بھی تھے، بے حد پڑھے لکھے آدمی تھے۔ اس حوالہ سے بھی وہ ہمیں بہت عزیز رکھتی تھیں۔ اگرچہ ان کی بینائی خاصی کمزور ہوگئی تھی مگر یہ ان کی شفقت تھی کہ ہر اتوار کو ہمارا کالم بڑی پابندی سے اپنے ایک اسسٹنٹ سے پڑھوا کر سنتی تھیں۔ آخر وقت تک ان کا حافظہ غضب کا رہا جس کی مدد سے جب وہ باتیں کرتی تھیں تو ذہن کی کھڑکیاں کُھل سی جاتی تھیں اور

نئے نئے گوشے منور ہو جایا کرتے تھے۔ ایسی من موہنی باتیں سننے کیلئے اب ہمارے کان ترستے ہی رہ جائیں گے۔ استاد سخن میر تقی میر نے اپنے علاوہ غالباً زینت آپا جیسے ہی ہستی کے بارے میں کہا تھا۔

باتیں ہماری یاد رہیں، پھر باتیں ایسی نہ سنئے گا
پڑھتے کسی کو سنئے گا تو دیر تلک سر دھنئے گا

***

۱۱

مغنی تبسّم

پچھلے مہینے حمایت اللہ اور پروفیسر اکبر علی بیگ سے حیدرآباد میں ملاقات ہوئی تو بولے "فروری میں ہم مغنی تبسم کے اعزاز میں ایک تقریب منعقد کر رہے ہیں، اس میں آپ کو آنا ہوگا"۔ میں نے کہا "اگر آپ مغنی تبسم کا جشن منا رہے ہوں تو میں اپنے ہی خرچ پر آجاؤں گا لیکن اگر آپ "جلسۂ اعترافی خدمات" قسم کی کوئی تقریب آراستہ کرنے والے ہوں تو میں نہ صرف آنے جانے کا کرایہ لوں گا بلکہ میرے قیام وطعام کا بندوبست بھی آپ کے ذمہ ہوگا"

حمایت اللہ بولے "یہ بھی عجیب شرط ہے۔ جشن اور جلسۂ اعتراف خدمات میں فرق ہی کیا ہے"؟۔

میں نے کہا "جشن کا معاملہ تو سیدھا سادا ہے لیکن اعترافِ خدمات میں دوگنی محنت لگتی ہے۔ میں تو کام کے حساب سے دام لیتا ہوں۔ پہلے تو ممدوح کی خدمات تلاش کرو اور اگر یہ مل جائیں تو ان کا اعتراف بھی کرو۔ بسا اوقات تو ممدوح کی

خدمات بھی مل جاتی ہیں کیونکہ جو آدمی پہاڑ جیسے ستر پچھتر برس اس دنیا میں گزارے گا وہ کچھ نہ کچھ تو کرے گا ہی۔ چاہے کتنا ہی کاہل اور سست الوجود کیوں نہ ہو۔ چلئے خدمات مل گئیں لیکن جب آپ ان کا اعتراف کرنے لگتے ہیں تو یوں محسوس ہوتا ہے جیسے آپ خدمات کا اعتراف نہ کر رہے ہوں۔ اس لئے میں "اعتراف خدمات" کے جلسوں میں شرکت نہیں کرتا۔ میں نے زندگی میں صرف ایک ہی بار ایک جلسہ اعتراف خدمات میں شرکت کی تھی اور اتفاق سے یہ جلسہ میری ہی خدمات کے سلسلہ میں منعقد ہوا تھا اور مزید اتفاق یہ کہ اس کے محرّک بھی حمایت اللہ ہی تھے۔ اس دن مجھے اندازہ ہوا کہ لوگوں کو میری خدمات کو تلاش کرنے میں کتنی دشواری پیش آئی تھی کیونکہ اس جلسہ میں بعض ایسی خدمات بھی مجھ سے منسوب کی گئیں جن کا مجھ سے کوئی تعلق نہیں تھا۔ یہ کام تحقیقی نہیں بلکہ تخلیقی نوعیت کا ہوتا ہے"۔

خیر یہ تو ایک تمہید معترضہ ہے۔ جہاں تک مغنی تبسم کا تعلق ہے مجھے آپ کو یہ بتانے کی ضرورت نہیں ہے کہ مغنی تبسم میرے ہم عصر ہیں اور میں ہم عصری کے معاملہ میں کشادہ دلی کا قائل ہوں۔ یہ ایک اتفاق ہے کہ میرا اور اردو کے منفرد شاعر ساقی فاروقی دونوں کا سن پیدائش ۱۹۳۶ء ہے۔ لندن میں ایک بار ہم دونوں یونہی اپنے معاصرین کی فہرست مرتب کر رہے تھے تو ساقی فاروقی نے کہا "مانا کہ علامہ اقبال ۱۹۳۶ء میں ہم دونوں کے پیدا ہو جانے کے دو برس بعد ۱۹۳۸ء میں

فوت ہو گئے تھے لیکن دیکھا جائے تو وہ بھی دو برسوں کیلئے ہی سہی ہمارے ہم عصر قرار پاتے ہیں"۔ ہمیشہ کی طرح ساقی کی بات معقول تھی۔ یہ اور بات ہے کہ ساقی فاروقی اپنے آپ کو نہ صرف علامہ اقبال کا ہم عصر سمجھتے ہیں بلکہ خود کو علامہ اقبال کا "ہم سر" بھی مان لیتے ہیں۔ یہ ان کی بڑائی نہیں تو اور کیا ہے جبکہ میرا معاملہ یہ ہے کہ میں اپنے ہم عصروں کے معاملہ میں "ہم عصری" کا دعویٰ تو ضرور کرتا ہوں لیکن ان کی "ہمسری" کرنے کی جرأت نہیں کر پاتا۔ خوب یاد آیا میرے دوست شمیم حنفی بتاتے ہیں کہ اُن کے پاس ڈاکٹر سید محی الدین قادری زور کے بارے میں ایک ریسرچ اسکالر کا تحقیقی مقالہ جانچ کیلئے آیا تھا جس میں ریسرچ اسکالر مذکور نے ڈاکٹر زور کے معاصرین کی ایک فہرست بھی مرتب کی تھی جو علامہ شبلی سے شروع ہو کر ہمارے دوست بلراج کومل پر ختم ہو گئی تھی۔ یہ اور بات ہے کہ علامہ شبلی کی وفات کے وقت زور صاحب بیس پچیس برس کے ہوں گے اور خود زور صاحب کی وفات کے وقت بلراج کومل بمشکل پچیس برس کے ہوں گے۔ گویا ہم عصری بھی الاسٹک بیلٹ Elastic belt کی طرح ہوتی ہے کہ جتنا چاہو حسب استطاعت اور حسب ضرورت کھینچ لو۔

ویسے تو مغنی تبسم علم و دانش، فکر و آگہی اور شعر و حکمت کے معاملہ میں مجھ سے کئی برس بڑے ہیں لیکن عمر طبعی کے معاملہ میں چھ برس بڑے ہیں۔ انہیں چھیالیس برس پہلے ۱۹۵۳ء میں دبیر پورہ ریلوے اسٹیشن پر دیکھا تھا جہاں سے ہم

دونوں ٹرین پکڑ کر یونیورسٹی جایا کرتے تھے۔ میں تو خیر بی اے کے پہلے سال کا طالب علم تھا اور یہ غالباً ایم اے کرنے کے بعد کوئی "فالتو تعلیم" حاصل کر رہے تھے۔ مجھے ٹھیک سے پتہ نہیں کہ ان دنوں وہ علم کی جستجو میں یونیورسٹی آتے تھے یا کوئی اور ہی جستجو انہیں وہاں کھینچ لاتی تھی۔ مجھے تو خیر بہت بعد میں اندازہ ہوا کہ ان کی ہمہ اقسام کی "جستجوئیں" آپس میں کچھ اس طرح گتھی ہوئی اور جڑی ہوتی ہیں کہ کسی ایک جستجو کو دوسری جستجو پر فوقیت دینا دشوار معلوم ہوتا ہے، اب میں لگ بھگ نصف صدی پہلے کے حیدرآباد کو یاد کرنے بیٹھا ہوں تو کتنے ہی چہرے ذہن کے پردے پر متحرک نظر آنے لگے ہیں۔ مخدوم محی الدین، سلیمان اریب، عابد علی خان، محبوب حسین جگر، اختر حسن، شاہد صدیقی، عزیز قیسی، شاذ تمکنت، وحید اختر، عالم خوندمیری، سعید بن محمد، سردار سلیم، سرینواس لاہوٹی، عوض سعید، راجہ دوبے، ابن احمد تاب وغیرہ۔ یہ وہ چند لوگ ہیں جو اب اس دنیا میں نہیں رہے اور اس وقت مجھے ان کی یاد اچانک اس لئے آگئی کہ میرے ذہن میں گزشتہ حیدرآباد کا جو بلیک اینڈ وہائیٹ خاکہ ہے اس میں یہی ہستیاں رنگ بھر دیتی ہیں۔ پچھلے دنوں کو یاد کرتا ہوں تو احساس ہوتا ہے کہ ان دنوں کتنے ہی راستے تھے جن پر ہم چلتے تھے تو خود راستے ہم سے زیادہ تیز چلتے ہوئے دکھائی دیتے تھے۔ خود ہماری ذاتوں کے اندر اتنے راستے تھے کہ یہ فیصلہ کرنا دشوار تھا کہ کس راستہ پر چلیں۔ اب جبکہ یہ سارے راستے ایک ایک کرکے مسدود ہوتے نظر آنے لگے ہیں تو ان کھوئے ہوئے

راستوں کی یاد شدت سے آتی ہے۔ مغنی تبسم بھی اپنی ستر سالہ زندگی میں کئی راستوں پر چلتے رہے ہیں بلکہ خود مجھے بھی ترقی پسندی کے راستہ پر ان کے ساتھ کچھ دور تک چلنے کا شرف حاصل رہا ہے۔ وہ تو خیر کمیونسٹ پارٹی کے باضابطہ رکن بھی تھے اور "سوشیل کمار" کے نام سے گمنام رہنے کی کوشش کرتے تھے۔ پھر اچانک جدیدیت کے راستہ پر چل پڑے۔ سنتوں اور ولیوں کی صحبتوں سے بھی فیضیاب ہوئے۔ سنا ہے اب گھوم پھر کر پھر ترقی پسندی کے راستے پر چلنے لگے ہیں۔ صبح کا بھولا شام کو گھر واپس آئے تو اسے بھولا نہیں کہتے، مغنی تبسم کہتے ہیں۔

ہو سکتا ہے زندگی کے سفر میں اُن کے نظریات، خیالات اور رجحانات بدلے ہوں لیکن ان کا چشمہ کبھی نہیں بدلا۔ انہیں جب بھی دیکھا سیاہ چشمہ کے ساتھ ہی دیکھا بلکہ مجھے تو یہ سیاہ چشمہ اُن کے بدن کا ہی ایک عضو نظر آتا ہے۔ جو لوگ یہ سمجھتے ہیں کہ مغنی تبسم نے اپنی ننگی آنکھ سے کبھی اس دنیا کے ننگے پن کو نہیں دیکھا ہوگا تو وہ سراسر غلطی پر ہیں کیونکہ اس سیاہ چشمہ کی وجہ سے مغنی تبسم کو یہ سہولت حاصل رہتی ہے کہ چشمہ کے اندر سے وہ جسے دیکھنا چاہتے ہیں اُسے بشوق اور بالاستعیاب دیکھتے رہتے ہیں لیکن انہیں دیکھنے والوں کو یہ پتہ نہیں چلتا کہ وہ فی الواقعی کسے دیکھ رہے ہیں۔ ہم جیسوں کی بصارت تو ان لوگوں کو دیکھنے میں ہی ضائع ہو جاتی ہے جو ہمیں دیکھ رہے ہوتے ہیں۔ جنہیں ہم دیکھنا چاہتے ہیں، انہیں دیکھنے کی نوبت ہی نہیں آتی۔ چنانچہ مغنی تبسم کے ہاں جو باریک بینی، دروں بینی، دور بینی،

دیدہ ریزی اور دیدہ دری وغیرہ نظر آتی ہے وہ اسی سیاہ چشمہ کی دین ہے۔ ایک بار میں نے غلطی سے ان کا چشمہ اپنی آنکھوں پر لگالیا تھا۔ ارے صاحب کیا بتاؤں مجھ پر کیا بیتی۔ مجھ پر جو بیتی سو بیتی اس دنیا پر جو بیتی اسے کیسے بیان کروں۔ مجھے تو یہ ساری دنیا تر مروں کی طرح ناچتی اور تھرکتی ہوئی دکھائی دی۔ یہ افواہ عام ہے کہ مغنی تبسم نہایت کم گو اور کم آمیز ہیں لیکن میں اس بات کو نہیں مانتا۔ وہ جتنا بولتے ہیں اور جس شدت سے بولتے ہیں اتنا میں نے کسی اور کو بولتے ہوئے نہیں دیکھا۔ یہ ضرور ہے کہ جو باتیں وہ بولنا چاہتے ہیں خود تو نہیں بولتے البتہ دوسروں کی زبان سے ضرور بلواتے ہیں۔ جب بولنے کے لئے دوسرے موجود ہوں تو ہوشیار آدمی اپنے ذاتی لفظوں کی فضول خرچی نہیں کرتا۔ چار پانچ برس پرانی بات ہوگئی۔ مغنی تبسم کا شعری مجموعہ "مٹی مٹی میرا دل" جو اس وقت نیا تھا، شائع ہو چکا تھا۔ اسی خوشی میں عزیز آرٹسٹ کے فارم ہاؤس پر احباب کی محفل سجی۔ پروفیسر سراج الدین، راشد آزر، قدیر زماں، عبدالقدوس وغیرہ موجود تھے۔ وہ پورے چاند کی ایک سحر انگیز رات تھی۔ مغنی تبسم تو خیر بظاہر خاموش تھے ہی۔ باقی احباب بھی خاموش سے تھے کیونکہ اس ماحول میں ہر ایک کے دل کو کئی کہانیاں یاد سی آکے رہ گئی تھیں۔ البتہ جھینگروں کی آوازیں ضرور آرہی تھیں اور کبھی کبھی ہمارے قدیر زماں بیچ بیچ میں ضرور کچھ بول دیتے تھے۔ ایسے میں میں نے جھینگروں کی آواز سے بچنے کے لئے مغنی تبسم سے خواہش کی کہ وہ اپنی کوئی غزل سنائیں۔ ان کے پہلے ہی شعر پر داد کا وہ

شور بلند ہوا کہ فارم ہاؤس کے سارے جھینگر ڈر کے مارے خاموش ہوگئے۔ پروفیسر سراج الدین نے شعر کی اچھوتی رومانیت اور اس کے خوبصورت تخلیقی اظہار کی تعریف کی تو قدیر زماں بولے "اس شعر کی ایک روحانی جہت اور Dimension بھی ہے"۔ پروفیسر سراج الدین نے کہا کہ یہ تو خالصتاً رومانی شعر ہے۔ اس میں روح کہاں سے آگئی۔ اب جو اس شعر کو لے کر احباب میں بحث شروع ہوئی تو پتہ نہیں چل رہا تھا کہ رومان کی طرف کون ہے اور روح کی طرف کون۔ یہاں تک کہ اس شعر کی تشریح، توضیح اور تفسیر کیلئے بچارے ارسطو، گوئٹے، برگساں، رومی، حافظ اور نہ جانے کن کن کو زحمت دی جانے لگی۔ مغنی اس رات صرف ایک ہی شعر سنا کر خاموش ہوگئے مگر سارے احباب لگاتار بولتے رہے۔ بعد میں یہ بحث فارم ہاؤس سے نکل کر قدیر زماں کی گاڑی میں بیٹھ گئی تو یہاں بھی چلنے لگی بلکہ قدیر زماں کی گاڑی سے کہیں زیادہ تیز چلنے لگی۔ گاڑی میں پٹرول ختم ہونے لگا تو قدیر زماں نے ایک پٹرول پمپ پر گاڑی روکی۔ میں اور عزیز بحث سے بچنے کیلئے گاڑی سے اُترے تو اس وقت قدوس، جو اپنے گلے میں ہمیشہ خضاب لگائے رہتے ہیں، اتنی زور سے بول رہے تھے اور قدیر زماں بھی اُن کی بات کا جواب کچھ اس ڈھنگ سے بہ آواز بلند دے رہے تھے کہ پٹرول پمپ کے ملازم نے مجھ سے پوچھا "صاحب! کس بات پر جھگڑا ہو رہا ہے؟" اس پر عزیز نے، جو خود بھی مغنی کی طرح ہمیشہ خاموش رہنے کے عادی ہیں، بیچ میں مداخلت کرتے ہوئے کہا "میاں تمہیں غلط فہمی ہوئی ہے۔ یہ کوئی

اختلاف نہیں ہو رہا ہے بلکہ اتفاق ہو رہا ہے۔ ہمارے دوست کی شاعری کی خوبیوں پر"۔

اس پر پٹرول پمپ کے ملازم نے گھبرا کر کہا "صاحب ! اگر آپ لوگوں کا اتفاق ایسا ہوتا ہے تو آپ لوگوں کا اختلاف نہ جانے کیسا ہوتا ہو گا۔ تلواریں کھنچ جاتی ہوں گی"۔

مجھے یاد ہے کہ مغنی تبسم نے اس رات صرف ایک شعر ہی سنایا تھا اور اس کے نتیجہ میں ہم سب کو گھنٹوں بولنا پڑا تھا۔ کیا اس مثال کے بعد بھی آپ مغنی تبسم کو کم گو آدمی ہی سمجھتے ہیں۔ اگر آپ انہیں سچ مچ ایسا سمجھتے ہیں تو یہ آپ کی معصومیت ہے۔ ان کے قریبی احباب بخوبی جانتے ہیں کہ بعض لمحوں میں مغنی تبسم نہایت شدید جذباتی اور اضطراری رد عمل کا اظہار کرتے ہیں۔ ان کے رفیق دیرینہ خالد قادری نے لکھا ہے کہ ایک بار قاضی سلیم حیدرآباد آئے تو رائل ہوٹل کے ایک کمرہ میں احباب کی محفل جمی۔ مصحف اقبال توصیفی نے شعر سنایا :

جس سے لی تھیں اُسی کو لوٹا دیں
یہ رہیں صبحیں، یہ تیری شامیں

مغنی تبسم پر اس شعر نے کچھ ایسی وجدانی اور ہیجانی کیفیت طاری کر دی کہ مغنی تبسم نے اچانک قاضی سلیم کے ٹیبل پر پڑی ہوئی ریزر بلیڈ اٹھالی۔ وہ تو اچھا ہوا کہ ان کے احباب کو اچانک یہ شبہ ہو گیا کہ مغنی تبسم اس ریزر بلیڈ کو ازراہ سخن فہمی ا

پنی گردن پر چلانے کا ارادہ رکھتے ہیں۔ فوراً بیچ بچاؤ کر کے اُن کے ہاتھوں سے ریزر بلیڈ چھین لی گئی۔ بعد میں مجھے اس واقعہ کا علم ہوا تو میں نے سب سے پہلے مصحف اقبال توصیفی سے کہا کہ وہ مستقبل میں ایسے مہلک اور خونخوار شعر نہ کہا کریں جن سے مغنی تبسم کی جان خطرے میں پڑ جائے۔ پھر میں نے ان احباب کو الگ سے ٹوکا جنہوں نے بلا وجہ مغنی تبسم کے ہاتھوں سے ریزر بلیڈ کو چھین لیا تھا کیونکہ میرے حساب سے ان کا ریزر بلیڈ کو اٹھالینا کوئی غیر معمولی جذباتی یا اضطراری رد عمل نہیں۔ بعض اوقات اچھا شعر سن کر میں بھی بے ساختہ ریزر بلیڈ کو اٹھالیتا ہوں اور جب تک داڑھی نہیں بنالیتا تب تک اسے واپس نہیں رکھتا۔ ہو سکتا ہے مغنی تبسم شیو کرنا چاہتے ہوں۔ پھر یہ بھی دیکھئے کہ شعر میں صبحوں کو واپس کرنے کا معاملہ درپیش ہے اور مغنی تبسم داڑھی بنائے بغیر اپنی کسی صبح کا آغاز تک نہیں کرتے تو اپنی صبح کو واپس کیسے کر دیں گے۔ ذرا سوچنے والی بات ہے۔ میں یہ تو مان سکتا ہوں کہ اس شعر کو کہنے کے بعد ممکن ہے خود مصحف اقبال توصیفی نے اپنا گلا کاٹنے کیلئے ریزر بلیڈ کو اٹھانے کی بات سوچی ہو کیونکہ مصحف اقبال جیسا حساس، رکھ رکھاؤ والا، شائستہ، محتاط اور Fragile شخص زندگی میں صرف ایک ہی مرتبہ اپنے محبوب کو اس کی شامیں اور صبحیں لوٹاتا ہے جب کہ مغنی تبسم تو نہ جانے کتنوں کو ایسی کتنی ہی صبحیں اور شامیں لوٹا چکے ہیں بلکہ یہ تو ان کا روز مرہ کا معمول ہے۔ میں یہ کہوں تو بیجا نہ ہو گا کہ مصحف اقبال تو اپنی فطری شرافت کے پیش نظر صرف صبحوں اور شاموں کو

لٹانے پر ہی اکتفا کر گئے۔ مغنی تبسم تو راتیں تک لوٹا دینے کا وسیع تجربہ رکھتے ہیں۔

تفنن بر طرف! مغنی تبسم کے ایسے ہی ایک جذباتی رد عمل کا میں بھی عینی شاہد رہ چکا ہوں اور اتفاق سے اس جذباتی رد عمل کا اظہار بھی قاضی سلیم ہی کے دہلی والے اس گھر میں ہوا تھا جس میں وہ بحیثیت رکن پارلیمنٹ رہا کرتے تھے۔ اس رات کی محفل میں میزبان اور خاکسار کے علاوہ مغنی تبسم اور شہریار موجود تھے۔ مغنی تبسم کے پرانے دوست ہونے اور دودھ کے جلے ہونے کے ناطے قاضی سلیم نے حفظ ماتقدم کے طور پر باتھ روم سے ریزر بلیڈ کو توہٹا ہی دیا تھا۔ کچن سے چھری چاقو تک کو بھی نکال کر اپنی الماری میں بند کر کے رکھ دیا تھا۔ رات دیر گئے شعر خوانی کی نوبت آئی۔ شہریار اور مغنی تبسم دونوں چونکہ ایک دوسرے کی بڑی پرانی کمزوریاں ہیں اسی لئے ایک دوسرے کے رازوں سے بھی اچھی طرح واقف ہیں۔

جب مغنی تبسم نے اچانک اک ایسا شعر سنا دیا جس میں ایک گزری ہوئی دلنواز ہستی کا حوالہ تھا تو اسے سن کر شہریار نے رونا شروع کر دیا۔ اس کے جواب میں مغنی تبسم بھی رونے لگے۔ ایسا ویسا نہیں دھاڑیں مار مار کے۔ اب جو دونوں کے فی البدیہہ رونے کا شور مچا تو قاضی سلیم گھبرا کر اپنے گھر کی کھڑکیاں اور دروازے بند کرنے لگے۔ کہنے لگے۔ "مجتبیٰ! تم تو جانتے ہو کہ آس پاس اپوزیشن کے ارکان پارلیمنٹ کے فلیٹس ہیں۔ وہ کیا سمجھیں گے"

میں نے کہا" قاضی صاحب! کیا رونے دھونے پر صرف اپوزیشن والوں کا حق

ہے۔ کیا برسر اقتدار پارٹی کے ارکان پارلیمنٹ رو نہیں سکتے ؟" قاضی سلیم بولے "تمہیں اب بھی مذاق سوجھ رہا ہے۔ تم ان دونوں کو سنبھالو۔ میں اتنی دیر میں دروازے اور کھڑکیاں بند کرتا ہوں تاکہ رونے کی آواز باہر نہ جائے"۔ خیر بڑی دیر بعد دونوں قابو میں آئے۔ جب یہ ٹک روتے روتے سوگئے تو میں رات کے پچھلے پہر اپنے گھر چلا گیا۔

دوسری شام میں حسب معمول قاضی سلیم کے گھر پہنچا تو دیکھا کہ باقر مہدی وہاں پہلے سے موجود ہیں۔ میں نے باتوں باتوں میں باقر مہدی سے کہا "اگر آپ رونے وغیرہ کا ارادہ رکھتے ہوں تو پہلے ہمیں بتادیں تاکہ ہم ابھی سے گھر کی کھڑکیاں اور دروازے وغیرہ بند کردیں۔ پتہ ہے کل رات یہاں کیا ہوا۔ شہریار اور مغنی کسی بات پر اتنا روئے کہ اپوزیشن کے ارکان کو بھی اس کا علم ہوگیا"۔

باقر مہدی نے گہرے تجسس اور مصنوعی تشویش کے ساتھ پوچھا "مگر یہ روئے کیوں ؟" قاضی سلیم بولے "مغنی نے اپنے ایک شعر میں ایک گزری ہوئی شخصیت کا حوالہ دیا تھا"۔ پھر کیا تھا دونوں مل کر اس ہستی کو یاد کر کے بے تحاشہ رونے لگے"۔ اس پر باقر مہدی نے اپنے مخصوص لہجہ میں کہا "یار تم دونوں کو غلط فہمی ہوئی ہے۔ وہ کسی شخصیت کی موت پر نہیں بلکہ وہ تو "شعر و حکمت" کی موت پر رو رہے تھے۔ شعر و حکمت کی موت پر سمجھے !"

اس بات پر میں اور باقر مہدی بے تحاشہ ہنسنے لگے تو قاضی سلیم پھر دوڑ کر گھر

کی کھڑکیاں اور دروازے بند کرنے لگے کہ کہیں اپوزیشن والوں کو ہماری ہنسی کا پتہ نہ چل جائے۔ میں نے قاضی سلیم سے کہا "قاضی صاحب !یہ آپ کے اپوزیشن والے بھی عجیب ہیں۔ نہ آپ کے دکھ میں شریک ہوتے ہیں اور نہ آپ کے سکھ میں۔ ایسی ہی باتوں کی وجہ سے تو ہماری جمہوریت کی بنیادیں مستحکم نہیں ہو پا رہی ہیں۔" اب احساس ہوتا ہے کہ قاضی سلیم کی ایسی ہی معصومانہ اور شریفانہ حرکتوں کی وجہ سے وہ دوبارہ پارلیمنٹ کے رکن منتخب نہیں ہوسکے۔ مگر یہ اچھا ہی ہوا کیونکہ آپ دیکھ رہے ہیں کہ ان دنوں ارکان پارلیمنٹ کی کتنی عزت ہے۔

بہر حال "شعر و حکمت" کا ذکر چل نکلا ہے تو ایک بات اور عرض کرتا چلوں۔ جب مغنی تبسم اور شہریار پابندی سے "شعر و حکمت" نکالا کرتے تھے تو اکثر احباب مجھ سے پوچھا کرتے تھے کہ ان دونوں میں سے "شعر" کس کے پاس ہے اور "حکمت" کس کے پاس۔ میں نے جب بھی اس سوال پر غور کیا تو مجھے دونوں ہی کے پاس "شعر ہی شعر" نظر آیا اور وہ حکمت، جس کا چلن آج کے زمانہ میں عام ہے، دونوں میں سے کسی کے پاس نظر نہیں آئی۔ یہی وجہ ہے کہ "شعر و حکمت" بہت دنوں تک نہیں نکل سکا۔

مغنی تبسم کے پرانے احباب کو ضرور پتہ ہوگا کہ ایک زمانہ میں وہ روحوں کو طلب کر کے احباب سے ان روحوں کی بات چیت بھی کروایا کرتے تھے۔ میں نے تو خیر کبھی اُن کی معرفت روحوں سے بات نہیں کی کیونکہ اس زمانہ میں، میں جن

سے بات کرنے کو تڑپتا تھا وہ تب تک روحیں نہیں بنی تھیں اور مغنی تبسم زندوں سے میری بات کرانے کے قائل نہیں تھے۔ البتہ ان کے نور خاں بازار والے مکان میں، خود میں نے کئی احباب کو مغنی تبسم کی بلائی ہوئی روحوں سے بات چیت کرتے ہوئے نہ صرف دیکھا ہے بلکہ سنا بھی ہے۔ مجھے یاد ہے کہ مغنی تبسم نے ایک بار نیٹشے کی روح سے حسن عسکری کی (جو اب لندن میں رہتے ہیں) بات کروائی تھی۔ ارے صاحب کیا بتاؤں دونوں میں جھگڑا ہوتے ہوتے رہ گیا۔ ہاتھا پائی کی نوبت تو خیر آ ہی نہیں سکتی تھی۔ اگر آتی بھی تو ہمارے حسن عسکری کے ہاتھ نیٹشے کے ہاتھوں سے خاصے لمبے تھے۔ بہر حال ادھر میں نے حسن عسکری کو تھاما اور ادھر مغنی تبسم نے جیسے تیسے نیٹشے کی روح کو قابو میں کیا تب کہیں جاکر معاملہ رفع دفع ہوا ورنہ لینے کے دینے نہیں بلکہ دینے کے دینے پڑ جاتے۔

مغنی تبسم کو ضرور یاد ہوگا کہ ایک بار انہوں نے انجانے میں میرے افسانہ نگار دوست ابراہیم شفیق (خدا انہیں غریق رحمت کرے) کی بات چیت مشہور فرانسیسی افسانہ نگار بالزاک کی روح سے کروائی تھی۔ آپ کو تو پتہ ہے کہ بالزاک کیسا منہ پھٹ اور بڑ زبان آدمی تھا۔ پہلے تو ابراہیم شفیق سے بات کرنے کیلئے ہی آمادہ نہیں ہو رہا تھا۔ بعد میں مغنی تبسم نے اس کی روح کو ورغلایا، بہلایا، پھسلایا تو اس مردود نے چھوٹتے ہی ابراہیم شفیق سے کہا "میاں کیوں اپنا وقت افسانہ نگاری میں برباد کرتے ہو۔ جاؤ اور کوئی اچھا سا شریفانہ پیشہ اختیار کرو اور ہاں خبردار جو پھر کبھی

اس معاملہ میں میری روح سے صلاح و مشورہ کیا تو۔ اب تو خیر غلطی سے صحیح مشورہ دے دیا ہے۔ آگے ایسا مشورہ دوں گا کہ زندگی بھر یاد رکھو گے" بالزاک کی اس دو ٹوک رائے کو جان کر تھوڑی دیر کیلئے مجھے شبہ بھی ہوا کہ روحوں کی آڑ میں کہیں خود مغنی تبسم تو نہیں بولتے، بے چارے کم گو آدمی ہیں جو بات خود سے نہیں کہہ پاتے یا کہنے کی ہمت نہیں رکھتے اسے روحوں سے کہلوا دیتے ہوں گے۔ شریف آدمی کو کیا کیا سوانگ رچانے نہیں پڑتے۔ بہر حال بالزاک کی اس رائے کے بعد ابراہیم شفیق کئی دنوں تک اُداس رہا۔ بعد میں مغنی کے موم سے دل نے اس کی تلافی کی یہ صورت نکالی کہ ایک دن اردو کے ایک تازہ تازہ مرحوم بنے ہوئے افسانہ نگار کی روح سے ابراہیم شفیق کی بات کروادی (کبھی کبھار وہ بدرحوں کو بھی بلا لیتے تھے) شکر خدا کا کہ افسانہ نگار مرحوم کی روح نے ابراہیم شفیق کی افسانہ نگاری کی نہ صرف تعریف کی بلکہ ٹھیٹ اردو میں انہیں مشق سخن کو جاری رکھنے کا مشورہ بھی صادر فرمایا۔ آخر میں ٹیپ کے بند کے طور پر یہ بھی کہا کہ اللہ کرے زور قلم اور زیادہ۔

مجھے یہ بھی یاد ہے کہ ایک بار ایک حسین و جمیل خاتون مغنی تبسم کے پاس یہ فریاد لے کر آئی کہ وہ اس کے مرحوم شوہر کی روح سے بات کروادیں۔ آپ میں سے بہت سوں کو پتہ ہو گا کہ مغنی تبسم بڑے دل و جان سے بیواؤں کی دامے، درمے، سخنے مدد کرنے کو ہر دم تیار رہتے ہیں۔ (اس زمانہ میں تو رہا کرتے تھے۔ اب

کا حال مجھے نہیں معلوم) مغنی تبسم نے اپنا پورا روحانی زور لگا کر آناً فاناً مرحوم شوہر کی روح کو طلب کر لیا۔ سچ تو یہ ہے کہ اس روح کے اچانک اور اوبدا کے چلے آنے پر خود مجھے بھی حیرت ہوئی تھی۔ روح کے آتے ہی خاتون نے اپنا سر ساری کے پلو سے ڈھک لیا اور بادیدہ نم پوچھا "اجی کیسے ہو؟"۔

روح شوہر نے کہا "بہت اچھا ہوں"۔

خاتون بولیں "مرتے مر گئے لیکن ہر حال میں صابر و شاکر رہنے کی تمہاری پرانی عادت نہیں گئی۔ سچ بتاؤ کیا تم اتنے ہی مزے میں ہو جتنا کہ نیچے کی دنیا میں میری رفاقت میں رہا کرتے تھے؟" مرحوم نے کہا "وہاں سے تو میں یہاں ہزار درجہ مزے میں ہوں۔ بڑی آسائشیں میسر ہیں"۔

خاتون نے پوچھا "اچھا یہ بتاؤ جنت کیسی جگہ ہے؟"

مرحوم شوہر نے کہا "اری نیک بخت میں جنت سے کہاں بول رہا ہوں۔ میں تو دوزخ سے بول رہا ہوں"۔

خاتون نے آخری بار اپنے آنسو پونچھے اور کہا "پھر تو تم جہاں بھی رہو خوش رہو"۔ اس کے بعد مرحوم شوہر سے اس خاتون کا رابطہ منقطع ہو گیا کیونکہ ان مذاکرات کے بعد میں نے اس خاتون کو جب بھی مغنی کے ہاں دیکھا مغنی تبسم سے ہی باتیں کرتے ہوئے پایا۔ کبھی اپنے مرحوم شوہر کی روح کو زحمت دیتے ہوئے

نہیں دیکھا۔ تکلیف پہنچانے کی بات الگ ہے۔

مغنی تبسم اپنی خوش لباسی اور جامہ زیبی وغیرہ کیلئے بڑی شہرت رکھتے ہیں۔ دن کے کسی بھی حصہ میں انہیں دیکھئے تو یوں لگے گا جیسے سالم مغنی تبسم اپنے لباس سمیت ابھی ابھی کسی ڈرائی کلیننگ کی مشین میں سے بر آمد ہوئے ہیں۔ تاہم میں نے لندن میں ان کی جو جامہ زیبی دیکھی ہے وہ کسی نے نہ دیکھی ہو گی۔ اصل میں مغنی تبسم سیرین ایر لائینز کے جس طیارے سے لندن آئے تھے اس نے مغنی تبسم کو تو لندن کے ہیتھرو ایر پورٹ پر بخیر و خوبی اتار دیا تھا لیکن ان کے سوٹ کیس کو اپنے ساتھ لے کر نیویارک چلا گیا تھا۔ نتیجہ میں مغنی تبسم پورے دس دنوں تک اسی اکیلئے سوٹ میں ملبوس رہے جسے پہن کر وہ ہندوستان سے لندن آئے تھے۔ اسی سوٹ کی مدد سے انہوں نے لندن کی کئی ادبی اور سماجی تقریبوں کو بحسن و خوبی ٹھکانے لگایا۔ مگر کیا مجال جو کسی کو یہ احساس ہوا ہو کہ وہ پچھلے دس دنوں سے ایک ہی سوٹ میں ملبوس ہیں۔ جامہ زیبی کی ایسی انوکھی مثال کہیں اور دیکھنے کو نہیں ملی۔

ایک بات اور عرض کر دوں کہ مغنی تبسم نہانے یعنی غسل فرمانے کے بڑے شوقین ہیں۔ میں جب بھی صبح کے وقت ان کے گھر فون کرتا ہوں تو ان کی ملازمہ اطلاع دیتی ہے۔"صاحب پانی نہا رہے ہیں"۔ اگرچہ پانی نہانے کی صراحت خود ایک اضافی چیز ہے کیونکہ ہم جیسے لوگ تو عموماً پانی سے ہی نہاتے ہیں۔ دودھ سے،

شہد سے یا عطر سے تھوڑی نہاتے ہیں۔ اس لئے مجھے یہ گمان ہوتا ہے کہ مغنی تبسم پانی سے بالکل نہیں نہاتے کیونکہ جتنی دیر تک وہ نہاتے ہیں اتنی دیر تک پانی آخر آتا کہاں سے ہے۔ کیا حیدرآباد میں آبرسانی کا انتظام واقعی اتنا اچھا ہوگیا ہے کہ مغنی تبسم دو دو گھنٹوں تک پانی سے نہائیں اور پھر بھی سارے حیدرآبادیوں کو پانی ملتا رہے۔ میں اکثر حیران ہو جاتا ہوں کہ مغنی تبسم کے بھی دو ہاتھ، دو ٹانگیں، ایک چہرہ ایک گردن اور ایک کمر وغیرہ ہے اور اوپر سے قد بھی چھوٹا ہے لیکن انہیں اپنے ان اعضاء کو دھونے میں آخر اتنی دیر کیوں لگ جاتی ہے۔ میں تو اپنی درازی قامتی کے باوجود اپنے کم وبیش اتنے ہی اعضاء کو دس پندرہ منٹ میں دھو لیتا ہوں۔ دھوبی گھاٹ پر دھوبی کی طرح کپڑوں کی لادی کو دھونے میں مصروف نہیں رہ جاتا۔

کسی نے بتایا کہ مغنی تبسم نہاتے وقت اپنے اعضاء کو نہیں دھوتے بلکہ اپنی مختلف حیثیتوں کو دھوتے ہیں۔ ابھی اپنے اندر بیٹھے ہوئے شاعر کو نہلایا ہے تو ابھی ناقد کے سر پر پانی کا لوٹا انڈیل رہے ہیں۔ اس سے فرصت ملی تو اپنے ترقی پسند پیکر کو اُبٹن سے مل رہے ہیں۔ ساتھ میں اپنے جدید ذہن کو بھی جھاویں سے رگڑتے چلے جا رہے ہیں۔ ہو سکتا ہے یہ بات درست ہو کیونکہ ایک آدمی کا جسمانی وجود اتنا بسیط بھی نہیں ہو سکتا کہ وہ اسے گھنٹوں دھوتا رہ جائے۔

حضرات! مغنی تبسم کے بارے میں کچھ لکھنے بیٹھا تو ذرا دیکھئے کہ کتنا کچھ لکھ گیا

ہوں۔ اگرچہ کام کی بات ایک بھی نہیں کی۔ میں جانتا ہوں کہ مغنی تبسم کو سمیٹنا کوئی آسان کام نہیں ہے۔ جن لوگوں نے انہیں وقفہ وقفہ سے سمیٹا ہے وہ جانتے ہیں کہ یہ سمٹنے والی چیز نہیں بلکہ بکھرنے والی چیز ہیں۔ اس لئے ان کے سمٹنے اور میرے سمٹانے کو ختم کرنے سے پہلے ان کی چند خدمات کا اعتراف کرنا بھی ضروری سمجھتا ہوں۔

مغنی تبسم کی ایک خدمت تو یہ ہے کہ اردو کے استاد ہونے کے باوجود اردو کے استاد بالکل نہیں لگتے کیونکہ انہوں نے حرام خوری کو اپنے اوپر حرام کر رکھا ہے۔ ایمانداری، لگن اور محنت شاقہ کو اپنا دین ایمان گردانتے ہیں۔

مغنی تبسم کی دوسری خدمت یہ ہے کہ اردو ادب میں اعلیٰ مقام اور رتبہ حاصل کرنے کے باوجود انہوں نے کبھی اپنا کوئی ٹولہ بنانے کی کوشش نہیں کی۔ اپنی ذات گرامی کو ہی ایک ٹولہ سمجھا اور سدا اپنے آپ سے ہی برسرپیکار رہے۔

ان کی تیسری خدمت یہ ہے کہ مصلحت پسندی، جوڑ توڑ، ادبی ریشہ دوانیوں، کینہ پروری اور شہرت طلبی وغیرہ سے ہمیشہ اپنے آپ کو دور رکھا حالانکہ آج کے زمانہ میں پنپنے کی یہی تو باتیں ہیں۔ اپنے علمی کارناموں اور ادبی فتوحات کے باوصف ان کی بے نیازی کا یہ عالم ہے کہ میں نے انہیں کبھی شہرت کے پیچھے بھاگتے نہیں دیکھا۔ البتہ زندگی بھر وہ جن کے پیچھے بھاگتے رہے ان کی نشاندہی نہیں کروں گا

کیونکہ وہ ایسی باتوں سے ناراض ہو جاتے ہیں۔ انہیں اندیشہ ہے کہ کہیں ایسی باتوں سے انہیں وہ شہرت نہ مل جائے جس سے وہ ہمیشہ دور بھاگتے آئے ہیں۔ اللہ اللہ کیا استغنا ہے اور کیا بے نیازی ہے۔ تاہم اتنا جانتا ہوں کہ بتانِ ناز کے پیچھے بھاگنے سے انہیں مہلت ہی نہیں ملی تو بیچارے اپنی شہرت کے پیچھے کیسے بھاگ سکتے تھے۔ مغنی تبسم ہمارے ادب کی ان مشہور ہستیوں سے ہزار درجہ بہتر ہیں جن کی شہرتوں کے آگے بدنامی بھی اپنے آپ کو نادم اور شرمسار محسوس کرتی ہے کہ اگر یہ شہرت ہے تو پھر میں کیا ہوں۔

مغنی تبسم کی چوتھی خدمت یہ ہے کہ انہوں نے اپنے سوائے کسی کو نقصان نہیں پہنچایا۔ اپنے دکھ اور کرب اور اپنی اذیت کو خود جھیلا۔ کبھی اپنے دل کے بوجھ کو ہلکا کرنے کیلئے کسی کے کندھے پر اپنا سر رکھنے کی زحمت گوارا نہیں کی۔ ایسا نہیں ہے کہ انہیں ایسے کندھے نہیں ملے۔ ضرور ملے۔ مگر ان کندھوں کو انہوں نے اپنے دکھ کے ذریعہ ضائع نہیں ہونے دیا بلکہ خود ان کندھوں کے سکھ کا حصہ بننا ضروری جانا۔ یہ ظرافت کی نہیں ظرف کی بات ہے۔

اُن کی پانچویں خدمت یہ ہے کہ پچھلی نصف صدی سے میں انہیں جاننے سمجھنے اور پرکھنے کی کوشش کر رہا ہوں مگر یہ آج تک میرے ہاتھ نہیں آئے۔ ذرا سوچئے۔ اگر یہ مصروفیت نہ ہوتی تو میں اتنی لمبی زندگی کیسے گزار پاتا۔ ویسے تو مغنی

تبسم کی اور بھی کئی خدمات ہیں لیکن میں اپنے تئیں ان کی ایک خدمت کا شکریہ ادا کر کے اپنی بات کو ختم کرنا چاہوں گا۔ میں جب بھی حیدرآباد کے بکھرتے ہوئے ادبی ماحول اور تار تار ہوتی ہوئی حیدرآبادی تہذیب کو دیکھ کر افسردہ ہو جاتا ہوں تو مجھے اچانک حیدرآباد میں مغنی تبسم کی موجودگی کا خیال آجاتا ہے۔ پھر میں اپنے آپ ہی افسردگی کی اس کیفیت سے باہر نکل آتا ہوں۔ کیا یہ کوئی معمولی خدمت ہے؟ اسی لئے تو کہتا ہوں کہ یہ ایک تبسم، جو مغنی بھی ہو، کسے ملتا ہے۔

***